浙江大学新时代大学精神

与大学文化研究课题组

组　长　吴朝晖

成　员　周谷平　眭依凡　叶桂方　陈　浩

　　　　郭文刚　刘继荣　徐贤春　林　玮

　　　　伍　宸　金芳芳　江宁宁　于云飞

大学之道

新时代的大学精神与大学文化

浙江大学新时代大学精神与大学文化研究课题组 编著

ZHEJIANG UNIVERSITY PRESS
浙江大学出版社
·杭州·

图书在版编目（CIP）数据

大学之道:新时代的大学精神与大学文化 / 浙江大学新时代大学精神与大学文化研究课题组编著. —杭州：浙江大学出版社，2023.5
ISBN 978-7-308-23675-1

Ⅰ. ①大… Ⅱ. ①浙… Ⅲ. ①高等学校－校园文化－研究－中国 Ⅳ. ①G640-05

中国国家版本馆 CIP 数据核字（2023）第 067590 号

大学之道——新时代的大学精神与大学文化

浙江大学新时代大学精神与大学文化研究课题组　编著

策划编辑　吴伟伟
责任编辑　马一萍
责任校对　陈逸行
封面设计　周　灵
出版发行　浙江大学出版社
（杭州市天目山路 148 号　邮政编码 310007）
（网址:http://www.zjupress.com）
排　　版　杭州好友排版工作室
印　　刷　杭州宏雅印刷有限公司
开　　本　710mm×1000mm　1/16
印　　张　6.75
字　　数　115 千
版 印 次　2023 年 5 月第 1 版　2023 年 5 月第 1 次印刷
书　　号　ISBN 978-7-308-23675-1
定　　价　68.00 元

浙江大学出版社市场运营中心联系方式：（0571）88925591；http://zjdxcbs.tmall.com

目　录

CONTENTS

导 言

PREFACE

精神文化是一所大学传承与发展的内在基因，是贯穿办学治校最深沉、最持久的动力源泉，且不断被赋予新的时代内涵。从世界高等教育发展的一般规律看，大学精神兼具薪火相传、代代守护的延续性和与时俱进、推陈出新的建构性。对大学自身而言，一方面，要善于回归初心、正本清源，对精神文化开展经常性的反思；另一方面，要善于观照当下、应对挑战，面向未来建构适应时代需要的文化内涵。

作为国人最早创办的新式学府之一，浙江大学的前身——求是书院在成立之初就倡导“居今日而图治，以培养人才为第一义；居今日而育才，以讲求实学为第一义”。竺可桢校长执掌浙大期间，明确提出“大学教育的目的，绝不仅是造就多少专家如工程师、医生之类，而尤在乎养成公忠坚毅、能担当大任、主持风会、转移国运的领导人才”。一直以来，浙大人持续发扬“求是创新”的精神传统，主动服务国家需要，精心育人、精研学术，解放思想、锐意改革，始终走在我国高等教育改革发展的时代前列。浙江大学125年波澜壮阔的发展历程，折射着世界文明的奔涌和激荡，交织着中华民族的曲折和奋进，承载着知识精英的理想和责任，始终与民族复兴同频共振。“求是创新”的校训和“海纳江河、启真厚德、开物前民、树我邦国”的浙大精神，始终是激励浙大人砥砺奋进的精神财富。

近年来，以习近平同志为核心的党中央高度重视高等教育发展，做出了一系列重大战略部署。①党中央提的是教育强国；②不是因重视高等教育，才提出……战略。进入新时代，一流大学要迈向更高质量的系统性、内涵性发展，必须基于政治自觉、历史使命、全球担当和一流目标，立足中国特色社会主义的伟大实践，对标2035远景目标和教育现代化要求，重新审视大学精神和文化的演进与建构，凝练、形成推动社会进步，引领文明进程，具有鲜明时代特征的一流大学精神和大学文化，加快打造开源创新的思想文化高地，从而凝聚更为强大的前进动力和发展动能。

基于此，学校组建了由吴朝晖校长（现任科技部副部长）牵头，校内外专家共同参与的高水平课题研究团队，在教育部、中国高等教育学会的有力指导和大力支持下，聚焦新时代这一独特背景，基于浙江大学悠久的历史底蕴、深厚的文化基因以及一以贯之聚焦“建设世界一流大学”

总目标的创新实践，提出了具有鲜明时代特点的大学精神培育和大学文化建构路径，相关研究成果在《中国高教研究》《大学教育科学》《教育发展研究》《光明日报》等报纸杂志上发表，其中《关于弘扬新时代科学家精神、助推高校科研育人不断深化的建议》被教育部采纳并获有关领导批示，为弘扬新时代大学精神和大学文化，建设中国特色世界一流大学积极贡献了浙大智慧和浙大方案。

第一章

坚守·新时代大学精神与大学文化

习近平总书记深刻指出，“一个国家、一个民族不能没有灵魂。”①作为国家和民族精神大厦的重要基石，大学精神是大学自身发展最深沉、最持久的内在动力。在民族复兴征程中，高水平大学如何肩负起历史赋予的时代使命，构建符合时代要求、具有中国特色的一流大学精神，从而引领社会进步和人类文明进程，成为高等教育改革发展必须面对的重大课题之一。

① 习近平．一个国家、一个民族不能没有灵魂[J]．求是，2019(8)．

第一节
大学精神的内涵与时代意义

大学的产生和发展，反映了人类对高深学问和智慧创造的向往。作为大学演进中形成的独特文明成果，大学精神是大学办学理念、价值追求和思想灵魂的高度浓缩。

从发展脉络看，大学精神始终与时代发展密切互动，在历史演进中铸就了指引人类文明进步的社会之光。我国儒家经典《大学》开宗明义："大学之道，在明明德，在亲民，在止于至善。"稷下学宫、太学、国子监、书院等的设立，都体现了古人明道穷理的执着追求，寄托了古人使人性臻于完善的教育理想。诞生于近代的新式大学更承载着知识精英的理想和责任，彰显出服务国家民族需要的办学属性。东西方教育理想具有异曲同工之妙。古希腊的博雅教育旨在培养具有广博知识和优雅气质的人。从第一所近代意义大学——博洛尼亚大学到被誉为"现代大学之母”的洪堡大学，再到威斯康星大学，虽然大学的职能不断丰富，但知识传播、知识创新、知识转移始终是其核心逻辑所在，科学精神、人文精神、批判精神始终是其有别于一般组织的底色所在，服务社会又独立于社会、得天下英才而育之始终是其气质所在。

从实践主体看，师生校友是大学精神最直接的践行者，共同传承着大学的文化基因。育人和创新始终是大学最重要的办学活动，其承载主体亦离不开师生校友。大学精神是大学与师生校友的“粘合剂”，构成了各方情感共鸣、网络共享、使命共担、事业共创的基点。教师将大学精神融入科研育人之中，形成学术共同体；学生将大学精神融入学习成长中，形成学习共同体；校友将大学精神融入创新事业中，形成发展共同体。可以说，大学精神塑造了师生校友，使他们得到更好成长；而师生校友也践行着大学精神，使大学精神得以创新发展。

从文化载体看，大学精神体现为大学文化，在文化涵育和文化引领中得到全面彰显。大学精神是大学发展中相对稳定的文化内核，以校史、校歌、校训等文化标识以及院系文化、学科文化、社团文化等文化圈层为载体而存在。大学精神如“舵”，大学文化如“帆”，引导和推动着大学扬帆远航。大学精神建构包括文化涵育和文化引领。文化涵育从内生功能视角探讨大学的精神特质，关注人才培养、学术创新、办学治校等应具备的气质；文化引领从外在动力视角探讨大学精神的溢出效应，强调大学精神对于人类命运共同体、文明交流互鉴等人类社会重大发展需要的贡献。

从时代要求看，大学精神是中国一流大学基业长青的关键，在教育现代化进程中形塑有理想有灵魂的大学。习近平总书记提出，“办好中国的世界一流大学，必须有中国特色”[①]。“特色”的核心体现即大学精神。《统筹推进世界一流大学和一流学科建设总体方案》明确提出，“形成推动社会进步、引领文明进程、各具特色的一流大学精神和大学文化”[②]。面对更高期待和要求，新时代中国一流大学要立足中国特色社会主义伟大实践和“两个一百年”奋斗目标，凝练具有鲜明时代特征的大学精神，引导师生增强“四个意识”、坚定“四个自信”、做到“两个维护”，在举旗帜、聚民心、育新人、兴文化、展形象上发挥引领带动作用。

我国高等教育事业自改革开放以来实现了跨越式发展，但在精神文化建设上与世界一流大学的差距仍不容忽视，如坚守育人匠心的优良传统需要进一步回归，对于规范学术道德和彰显学术伦理需要进一步重视，对学术共同体的尊重还需有效贯穿善治体系，大学引领社会思潮和风尚的作用需要进一步发挥，大学硬、软件“不教之教”的品位有待增强，等等。大学迫切需要建构新时代大学精神，推动上述问题得到有效解

① 习近平：办好中国的世界一流大学必须有中国特色[EB/OL].(2014-05-04)[2019-07-18]. http://www.chinanews.com/gn/2014/05-04/6130629.shtml.

② 国务院关于印发统筹推进世界一流大学和一流学科建设总体方案的通知[EB/OL].(2015-11-05)[2019-07-18]. http://www.gov.cn/xinwen/2015-11/05/content_2960898.htm.

决。建构新时代中国一流大学精神的逻辑起点即是明内涵，认清什么是一流大学精神；建构路径之一是强主体，核心是师生校友的育人、创新实践；建构路径之二是优载体，丰富大学精神的文化表达系统。

第二节
新时代中国一流大学精神

与西方大学形成于社会工业化时代不同，我国现代意义上的大学诞生于国家危亡时刻，很多大学的精神文化标识中仍保留着救亡图存的印记。进入新时代，我国大学的历史使命已实现由救亡图存向复兴中华的历史性转变，这必然赋予大学精神新的时代内涵。

剖析新时代中国一流大学精神，必须从历史唯物主义角度把握新时代大学精神的演进方向，深刻回答好面对过去继承了什么、面对现今贡献了什么、面对未来关照了什么。新时代中国一流大学精神在与民族精神同频共振中，要更加具备“不忘本来、面向未来”的根本属性和大气开放的时代特色，努力实现“四个服务”的政治自觉与世界一流的发展规律相统一，实现仰望星空的理想主义与脚踏实地的奋斗精神相统一，实现人才培养的立校之本与创新创造的兴校之源相统一，实现成风化人、服务人民与关怀人类相统一，矢志不渝地迈向人类文明和道德义理的制高点，凝聚起更强大的前进动力和发展动能。

具体而言，新时代中国一流大学精神是在继承以往大学精神的基础上改革创新的结果。最根本的是继承我国大学诞生的初心，即复兴中华、培养人才、科学报国，体现大学育人和科研这两个最基本的功能；最主要的创新是新时代赋予大学的新使命，即关怀人类、包容互鉴、勇攀高峰，体现改革和开放的时代要求，体现构建人类命运共同体的开阔胸襟。总而言之，其主要内涵体现在以下六个方面，每个方面都体现了继承和创新并重的特点。

1. 扎根：忠诚担当的家国情怀，一流大学要成为民族复兴的引擎

爱国主义始终是大学的精神旗帜。从继承角度看，扎根体现了中国大学精神励精图治、报效家国的起点，如浙江大学精神中的“树我邦国”、上海交通大学的校训“饮水思源、爱国荣校”都彰显了爱国情、报国志、强国行的精神基因。从创新角度看，扎根体现了新时代中国一流大学“四个服务”的责任使命。新时代中国一流大学体现扎根的精神内涵，就是要面向教育现代化、建设社会主义强国的要求，成为忠诚担当、学以致用、知行合一的表率；就是要深耕创新创业沃土，为党育人、为国育才，主动服务国家区域重大战略需要；就是要引导师生将论文写在生产一线和希望的大地上，输送更多优秀学子扎根基层、扎根中西部，在祖国需要的

广阔天地建功立业。

2. 铸魂：尊重生命的教育旨趣，一流大学要成为英才涌现的摇篮

立德树人是大学的根本任务。从继承角度看，铸魂体现了“成德”“教化”“博雅”的育人传统，如清华大学“又红又专、全面发展”的育人特色、浙大人“勤学、修德、明辨、笃实”的共同价值观等，都将思想灵魂作为育人的特色所在、质量所依。从创新角度看，铸魂体现了新时代中国一流大学要培养心中有梦、努力圆梦的时代新人。新时代中国一流大学精神的铸魂内涵，就是要精心育人，培养更多有远大理想、扎实学识、过硬能力、健全人格以及超越专业领域责任感的师生；就是要重视对师生政治素养、斗争精神的塑造，造就更多具有政治鉴别力、能够捍卫公平正义、参与全球竞争、引领未来的精英翘楚；就是要将人格塑造作为教育终极旨趣，加快教育现代化步伐，提供更多基于智慧创造、协同合作、意义建构的教育体验。

3. 启真：追求真理的学术理想，一流大学要成为重大创新的源泉

大学始终是“海上灯塔”“社会之光”。从继承角度看，启真体现了大学的魅力，即以真理为依归，坚守求是、求实、求真，如哈佛大学的校训“真理”、剑桥大学的校训“此地乃启蒙之所和智慧之源”、浙江大学的校训“求是创新”等，都表达了对真理的追求。从创新角度看，启真体现了

新时代中国一流大学实现整体崛起必然要在创新创造上有更大作为。新时代中国一流大学体现启真的精神内涵，就是要坚持尊重知识、尊重人才的文化理性，营造脚踏实地、求真务实、只问是非、不计利害的学术氛围；就是要在培育重大原创成果、解决“卡脖子”问题上攻坚克难，抢占未来科技创新的制高点；就是要倡导自由探索的学术风气，尊重院系和师生基于自身禀赋开展的创新实践，构建科学民主、宽容失败的学术治理体系，让各方面的创新创造活力竞相迸发。

4. 崇善：关怀人类的价值理性，一流大学要成为道德义理的高地

科学精神和人文理想始终是大学精神的一体两面。从继承角度看，崇善体现了大学特有的社会关怀，既有人本精神、仁爱情怀，也有以天下为己任、追求大同理想的终极价值，如麻省理工学院的全球战略指出，“针对科技进展所带来的社会经济、政治经济和伦理等方面的影响，要加强学校的评估和应对能力”[①]，浙江大学校歌中的“天下来同”亦表达了“使世界各国心驰神往和平共处”的抱负。从创新角度看，崇善体现了新时代中国一流大学要更加自觉地推动科学和人文的深度融合。新时代中国一流大学体现崇善的精神内涵，就是要将学术伦理和人类永续发展摆在更加重要的位置，将社会关怀作为师生自我完善的重要内驱力，在

① RICHARD K L. A Global Strategy for MIT[EB/OL].(2017-05-01)[2022-07-10]. http://web.mit.edu/globalstrategy/.

更高层面实现工具理性和价值理性相统一；就是要主动参与构建人类命运共同体，将增进人类福祉作为重要办学目标，在构建更具普世意义的人类价值观、道德观、正义观上发挥建设性作用。

5. 开源：包容互鉴的开阔胸襟，一流大学要成为思想交汇的前沿

海纳百川是大学作为与时俱进的学术组织的内在要求。从继承角度看，开源体现了百家争鸣、无吝于宗的学术传统，如北京大学的学术精神倡导“思想自由、兼容并包”、浙江大学校歌即以“大不自多、海纳江河”开篇等。从创新角度看，开源体现了新时代全球竞合、分众创新、开环开放的特点，体现了不同主体共建、共治、共享的趋势。新时代中国一流大学体现开源的精神内涵，就是要进一步营造协同创新、开放包容的学术生态，打破“圈子”文化，在思想争鸣中促进学术繁荣；就是要进一步打造开源思想文化高地，以文理交融、东西互动、中外认知、古今会通的大格局繁荣发展哲学社会科学，主动讲好中国故事，推动人类文明交流互鉴。

6. 奋进：勇攀高峰的奋斗姿态，一流大学要成为追求卓越的先锋

砥砺奋进、勇攀高峰始终是大学的关键词。从继承角度看，奋进体现了学海无涯、学无止境的执着追求，如牛津大学前校长安德鲁·汉密尔顿指出，“牛津大学所体现出来的大学精神就是，首先对卓越有绝对的追求，无论是在教学还是科研上，都永远不会安于现状，持续地追求做得

更好”[①]；清华大学“行胜于言”的校风、浙江大学精神中的“开物前民”，都对奋斗做出了生动诠释。从创新角度看，奋进体现了新时代中国一流大学要始终保持追赶态势。新时代中国一流大学体现奋进的精神内涵，就是要始终保有只争朝夕、时不我待的紧迫感，在勇攀高峰中书写高等教育“奋进之笔”；就是要始终保持向上攀登姿态，构建学科高峰、汇聚名师高人、打造创新高地，集中力量在关键领域实现突破；就是要加大改革创新力度，打破制约高质量内涵式发展的条条框框，为各项事业快速健康发展奠定坚实基础。

① 牛津大学校长：大学精神在于追求卓越和自由辩论[EB/OL].(2011-09-14)[2019-06-09]. http://www.jyb.cn/world/cglx/hwyx/201109/t20110914_453814.html.

第二章

探索·新时代中国一流大学精神建构研究

进入新时代,实现我国高等教育跨越式发展,首先应当根据时代的发展要求重新对标对表,让师生共同的价值坚守焕发出新的生机活力。新时代一流大学应当在坚持扎根铸魂、包容互鉴、对标未来、守正创新中,更加自觉地在涵育科学精神、人文精神上发挥作用,使精神与文化高度契合、同向同行。

第一节

扎根铸魂:在立德树人中传创大学精神

建构新时代中国一流大学精神,首先要强主体,即扎根中国大地铸魂育人,引导广大师生树立崇高理想,葆有对真善美的执着追求。这既是精神文化育人的核心要求,也是育人精神文化的时代表征。

1. 塑造有思想有灵魂的学生

大学应当培养具备坚定理想信念、卓越综合素质、全球竞争能力的高素质创新者和领导者。要旗帜鲜明地用新思想铸魂育人,建立新思想系统化、学理化、学科化的研究阐释机制,及时将理论成果转化为鲜活的教学内容,实现从"思政课程"向"课程思政"的转变,讲深、讲透、讲活21世纪的马克思主义。要引导学生扎实学习,秉承"知识、能力、素质、人格"并重的全人教育理念,全面深化教学供给侧结构性改革,打造线上线下相融合的新型学习空间,充分点燃学生的学习热情。要打造科学和人文相融合的新通识教育，全面增强学生对中华传统、世界文明、科技创新、生命探索和博雅技艺等方面的深切体悟。进一步在“通”上下功夫，推动“五育并举”“三全育人”“四课堂”实质性融通；进一步在“专”上下功夫，系统加强学科和专业一体化建设；进一步在“跨”上下功夫，在会聚融合中实现实质性交叉培养。要立足伟大实践熔铸理想信念，坚持全球学成和中国实践相结合，与国内外伙伴院校、重点企业、教育基地等建立稳定的合作关系，为学生打造海内外、校内外社会实践基地，组织学生在一线接受锻炼，树立服务人民、服务基层的远大志向。

2. 塑造有精神境界的教师

“经师易得、人师难求”，一流大学要让最优秀的人培养出更优秀的人。要系统提升广大教师的政治素养，实施全员培训计划，利用延安、井冈山等干部教育培训资源，对高层次人才分批轮训，对海归教师开展党史国情专题教育，提高教师的政治鉴别力。要引导教师回归育人本分，进一步强化育人是教师本职的理念，大力弘扬精心育人的组织文化，在教师的学术评价、职务晋升中加大对教育教学绩效的考核。要加强对骨干教师的引领和历练，深入做好教师思政工作，为教师发展提供宽广平台，通过实施“双带头人”培育工程、组织教师挂职锻炼、做好高知群体党员发展工作等，锻炼一批又红又专的业务骨干。要重视对青年教师的“传帮带”，探索建立“事业之友”等结对制度，发挥德高望重的资深教师的作用，引导青年教师自觉做到教学与科研相统一、言传与身教相统一、潜心问道与关注社会相统一。要建设过硬的师德师风，既要树立和宣传先进典型，也要严肃处理师德失范行为，探索建立校际师德师风档案机制，加强教师职业道德、学术诚信、学术伦理教育，打造信念坚定、师德高尚、业务精良的教师队伍。

3. 传承同频共振的精神纽带

大学精神是凝聚师生校友的纽带，一流大学要认真落实大学精神育人工作。要推动大学精神与民族精神同频共振，加强对民族精神的研究阐释和对五四精神、红船精神、井冈山精神、西柏坡精神、马兰精神等的宣传教育，推动民族精神、中华优秀传统文化、革命文化和社会主义先进文化进校园、进课堂、进宿舍，让师生在潜移默化中得到精神洗礼。要深入挖掘大学精神的育人功能，系统开展校史、校歌、校训研究，特别要做好中国大学独有的“文军长征”“西迁精神”的内涵发掘，创作更多类似于《无问西东》《黄大年》《求是魂》的影视文艺作品，增强大学精神育人的感染力。要持续巩固师生校友的精神依归，在新生、新教职工始业教育中强化大学精神认同，探索完善“新生之友”、朋辈教育等机制，形成师生教学相长、大学精神薪火传燃的良好氛围。发挥卓有成就的校友的育人作用，通过校庆活动、校友创业大赛等形式密切母校与校友的情感联系和精神互动。

第二节
启真崇善:在创新创造中淬炼大学精神

新时代中国一流大学要成为神形兼备的学术殿堂,需要进一步“以天下为己任、以真理为依归”,以一流精神文化为创新创造赋能,以卓越创新实践淬炼一流精神文化。

1. 弘扬爱国奉献、攻坚克难的学术品格

中国一流大学要将追求真理与忧国忧民更加有机结合,为解决国家重大急需做出卓越贡献。要厚植战略科学家成长的土壤,引育更多解决重大战略问题的科学家及团队,形成创新资源校内外协同联动机制,造就一批具有学术方向凝练能力、学术资源整合能力、学术声誉拓展能力的战略科学家,赋予其更大的技术路线决策权、经费支配权、资源调动权。要营造“十年磨一剑”的精神文化,开辟学术特区,优化考核激励政策,鼓励更多优秀人才潜心学术、联合攻关,在“从0到1”的基础研究、解决“卡脖子”关键核心问题上取得突破。要促进创新成果转化为现实生产力，通过教师岗位分类管理，组织更多擅长应用研究和成果转化的教师扎根一线。同时，探索完善支持师生创新创业的生态系统，使大学成为孵化高科技企业、提振区域能级的新引擎。

2. 构建兼容并包、百家争鸣的学术生态

中国一流大学要在海纳百川方面发挥表率作用。要形成唯才是用的大人才观，不拘一格引才、用才、聚才，正确看待海归与本土、高层次人才与常规师资、长聘与非长聘等不同序列人才的价值，尊重教学、管理、实验支撑、后勤服务等不同类型人员的发展需要，营造和谐共处、干事创业的良好氛围。要切实破除各种圈子文化，坚持完善各学科的学缘结构，营造公开、公平、公正的学术环境，通过有效的制度设计和严格监督执纪，防范学术评审中拉关系、走后门现象。国家可以探索建立必要的学术评审终身追责机制。

3. 完善尊重规律、实事求是的学术评价

学术评价对树立科学家精神、营造优良学风作风具有基础作用。要打破依赖数据开展评价的思维定式，从重视数量转向重视质量，优化以创新质量和学术贡献为导向的评价机制，更加注重考察标志性成果、代表作、社会影响和国际声誉。要充分尊重学术规律和学科差异，遴选国际专家组建教授委员会，开展科学精准的学术评价。建立有效的学术分类管理模式，对交叉会聚型的学术评价建立更具弹性的机制。要淡化人才评价对“五唯”的依赖，人才评价不是不要论文、“帽子”、职称、学历、奖项，而是应以更宽广的视野看待人才的价值，用人唯才、用人唯贤。一视同仁地考核同一学科属性中不同头衔的人才，是破除“五唯”的有效路径。

4. 打造关怀人类、追求卓越的学术殿堂

中国一流大学必须为解决人类文明演进中的重大理论和现实问题做出新贡献。要自觉培育重大原创成果，注重跨时空、跨领域、跨学科的基础研究，组织或参与国际大科学工程，培育更多前沿性、原创性、颠覆性成果。要自觉建设高端智库，建设中国特色世界一流的哲学社会科学，在延续国脉、弘扬国粹、振兴国学上发挥引领作用，构建具有全球影响力的理论基础、研究范式、知识体系，牢牢把握意识形态竞争的主动权、话语权。要自觉守望人类精神家园，针对全球治理和人类命运共同体建设中的重大问题加强战略研究，打造全球文明对话交流平台，在坚守价值追求和道德风尚上发挥基础作用，为人类文明永续发展当好“瞭望者”。

第三节
开源奋进：涵育大学精神的文化载体

大学精神需要文化载体彰显，新时代大学文化是改革的文化、开放的文化、创新的文化，具有开源奋进的内在特质，是在改革开放中不断完善的文化系统，在完善治理文化、形塑文化空间、推动文化互鉴、探索文化评价中体现时代要求。

1. 完善治理文化，树立以师生为本的价值导向

大学作为学术共同体，具有价值多元性、目标多样性、组织松散性等特点。要构建善治的责任体系，完善党的领导权、行政执行权、学术自治权、教职工民主权、学生自主权、社会参与权的运行机制，重视发挥关键少数的作用，让富有责任心、凝聚力的优秀人才成为办学治校的骨干和中坚。要尊重和发挥教师的主体作用，使决策部署有效触及教师群体，健全教师参与重大决策和民主管理的途径，让“教师就是大学”成为大学

制度设计的文化理念。要大力营造以师生为本的组织文化，让管理决策充满人性关怀、服务体系更加规范精细，赋予院系更大办学自主权，赋予学生更大管理权责，使学生成为学生事务、学生活动、学生社团的重要组织者和参与者。要加快构建基于全球战略的开放治理体系，探索与国际合作伙伴协同治理的有效模式，将国际师生与本土师生纳入一体化管理，让开放治理倒逼体制机制改革，使全球开放的视野胸襟成为大学文化的有机组成部分。

2. 塑造文化空间，彰显不教之教的精神魅力

大学线上线下相融合的文化空间形塑校园文化品位。要切实增强文化活动的感染力，塑造富有时代性和思想性、为师生喜闻乐见的品牌活动，真正发挥其润物无声的作用。要全面提升办学空间的精神内涵，提高建筑品质和品位，注重人文景观营造，重视历史文物保护，建设好校史馆、图书馆、博物馆等文化载体，在硬、软件等细节上充分体现卓越追求、人本精神及人与自然和谐相处的生态理念。要重视优化网络空间文化体验，增强基于互联网的文化供给，建设好网络教育阵地，加强对网络社区、网言网语等“亚文化圈”的分析研判，培养一支善于开展网络教育教学的骨干队伍。

3. 推动文化互鉴，发挥大学精神的引领作用

大学最能体现人类文明的脉动，在与人类文明交融互动中具有引领作用。要主动为世界文化交融贡献力量，主动服务国家区域对外开放战

略，不断加强人文外交，积极参与“一带一路”教育行动，增进相互理解，促进民心相通，培养更多知华、友华、爱华的留学生。要从战略高度重视大学声誉建设，鼓励教师在国际主流学术平台或新闻媒体发声，统筹做好内、外宣传工作，增强大学文化与地域文化互动交融，善于讲好新时代大学故事。要构筑全方位的大学文化国际传播矩阵，深化与重要媒体的战略合作，营造良好的外部形象和公共关系，建设独具特色的大学形象识别系统，策划具有国际影响的文化活动，提高运用新媒体做好宣传工作的能力。

4. 探索文化评价，保存大学精神文化基因

全面客观地开展评价是大学之间学习借鉴的前提，也是一项带有长远意义的基础性工作。要进一步厘清大学精神文化表征体系，研究提出大学精神文化的各类主客观指标，基于各类表征指标对大学精神文化进行“画像”，便于大学之间进行借鉴。要构建科学的大学精神文化评价机制，运用大数据分析方法，构建大学精神文化评价模型，分析提炼一流大学精神文化建设的一般规律和个性特质，为大学精神文化建构提供建设性建议。要形成较为全面的大学精神文化基因库，加强对国内外大学精神文化各类数据指标的长期跟踪和收集，保存各个大学在不同历史时期的精神文化表征，为研究大学精神文化历史演进提供有力支撑。

习近平总书记指出，“文化自信，是更基础、更广泛、更深厚的自信，

是更基本、更深沉、更持久的力量”。[①] 作为大学文化的内核，大学精神源远流长、博大精深。本书聚焦新时代，对标 2050 年中国要实现的目标，基于一流大学的办学实践，提出具有鲜明时代特点的大学精神内涵及其建构路径，力争为“双一流”和教育现代化建设、为中国大学屹立于世界高等教育之林提供有益洞见。相信我国高校一定能在民族复兴伟大进程中加快实现整体性崛起，加快形成各具特色的精神文化，一定能在人类文明演进中做出独特贡献！

① 习近平.坚定文化自信，建设社会主义文化强国[J].求是，2019(12).

第三章

激活·打造新时代中国一流大学精神文化品牌

精神文化是大学的灵魂和生命力所在。在加快建设中国特色世界一流大学的过程中，以文化人、塑形铸魂，努力构建具有中国特色的育人品牌，文化品牌、治理品牌、开放品牌，是新时代中国一流大学必须答好的时代问卷。

第一节
大学精神的育人实践

立足“两个大局”，新时代中国一流大学应当主动回归尊重生命的教育本源，尊重多元价值追求，关注人类前途命运，着力构建古今会通、东西互动、学科交融的发展格局，以更前瞻的视野思考和谋划教育改革，涵育新时代大学精神，进一步助推扎根铸魂、启真育人。

一、新时代中国一流大学精神铸魂育人

高校的根本任务是立德树人。如何运用新时代中国一流大学精神铸魂育人，激扬学生的爱国之心、报国之志、奋进之力，教育引导学生成为担当民族复兴大任的时代新人，是高等教育改革发展必须答好的时代问卷。

（一）新时代中国一流大学精神铸魂育人的三重逻辑

新时代中国一流大学精神以习近平新时代中国特色社会主义思想

为理论依托，植根于高等教育发展的历史进程，丰富于大学精神和文化建构的具体实践。理论逻辑、历史逻辑与实践逻辑的辩证统一体现出用新时代中国一流大学精神铸魂育人的科学性、时代性、指导性。

1. 理论逻辑：坚守教育根本使命推进高等教育内涵式发展

教育的基本宗旨和使命就是“育人”，大学具有教育属性、学术属性以及文化属性。我国有独特的历史、独特的文化、独特的国情，决定了我国必须走自己的高等教育发展道路，扎实办好中国特色社会主义高校。立足中国特色社会主义事业全局，国家提出建设世界一流大学的目标，相继实施了“211 工程”“985 工程”“双一流”建设，一以贯之地培养德智体美劳全面发展的社会主义建设者和接班人。大学精神和文化是大学使命宗旨、办学理念、育人目标的集中体现，具有政治责任和意识形态属性。办好中国特色世界一流大学，必须自觉立足中国特色社会主义的伟大实践、立足“两个一百年”奋斗目标，凝练形成具有鲜明时代特征的大学文化，引导师生树立共产主义远大理想和中国特色社会主义共同理想。

2. 历史逻辑：基于历史使命审视大学精神和文化的演进方向

历史逻辑是理论逻辑产生和发展的现实基础。习近平总书记指出，“我国高等教育发展方向要同我国发展的现实目标和未来方向紧密联系在一起"[①]。中国现代意义上的大学诞生并成长于国家危亡之际,担负着"为民族而生、为时代而生"的历史使命。国内很多大学的校训、校歌等文化标识中仍然保留着"救亡图存"的印记,如浙江大学精神中的"树我邦国"、上海交通大学的校训"饮水思源、爱国荣校"都彰显了爱国情、报国志、强国行的精神基因。新时代中国一流大学精神应与时代同向同行。《中国教育现代化 2035》明确提出加快推进教育现代化、建设教育强国,办好人民满意的教育。鉴于这样的背景,我国大学的使命也实现了由救亡图存向复兴中华的历史性转变,必然在文化传承、创新、传播、评价等方面呈现新气象、新内涵。

3. 实践逻辑:在大学精神和文化建构的实践中形成与发展

改革开放以来,我国高等教育事业实现了跨越式发展,高水平大学的整体崛起引起了世界各国的瞩目,办学的显性指标和硬件条件持续改善。然而,在大学精神和文化建构的实践中,我国大学与世界一流大学的差距也是不容忽视的。例如在育人文化上,具有世界声誉和影响力的大师仍然缺乏,辛勤耕耘、以德施教的育人匠心需要进一步坚守和回归,以教学为中心、以学生为本的理念尚未成为普遍的行动自觉;在学术文化上,仍不时存在学术道德伦理不彰的现象,"只问是非、不计利害"的学风需要进一步弘扬,海纳百川、开放包容的学术氛围有待进一步形成,潜

① 习近平.把思想政治工作贯穿教育教学全过程 开创我国高等教育事业发展新局面[N].人民日报,2019-12-09.

心治学、追求卓越的价值导向需要进一步树立;在治理文化上,学术权力和行政权力需要进一步协调,师生参与学校治理的广度和深度不够,学生自我管理的体制机制不够完善,各方面的创造活力尚未充分激发,等等。我国一流大学要成为神形兼备的学术殿堂,必须在大学精神上回归理想和初心,从而进一步释放发展的巨大潜力和强大动能。

(二)新时代中国一流大学精神铸魂育人的方法路径

习近平总书记强调,建设一流大学,关键是要不断提高人才培养质量。[①] 要想国家之所想、急国家之所急、应国家之所需,抓住全面提高人才培养能力这个重点。新时代中国一流大学精神是在继承以往大学精神基础上改革创新的产物,体现的是我国大学诞生的初心,肩负的是新时代赋予大学的使命。运用新时代中国一流大学精神引导学生永葆爱国之心、增强报国之志、激发奋进之力,是一流大学铸魂育人的有效方法路径。

1. 引导学生心怀"国之大者",坚定理想信念

弘扬爱国主义精神,激发广大学生增强爱国情、强国志、报国行。如浙江大学充分发挥地处浙江"起航地""先行地""萌发地"的政治优势,把爱国主义教育贯穿于教学科研各环节,深度融入思想政治教育、师德师风建设和校园文化塑造,构建具有浙大特色的全员、全过程、全方位家国

① 习近平.扎扎实实把中国教育办好[EB/OL].(2021-04-20)[2023-02-20].http://www.qstheory.cn/qshyjx/2021-04/20/c_1127351576.htm.

情怀教育体系。清华大学举办校庆联欢晚会，组织校庆日升国旗仪式，推出新升级的校史展览、“人文清华”特别讲坛、校庆特别展、主题光影秀等，全方位、立体化展示学校在党的领导下所取得的重要成果、宝贵经验和精神积淀，生动展现清华“爱国奉献、追求卓越”的光荣传统和“又红又专、全面发展”的育人特色。加强理想信念教育，旗帜鲜明地用新思想铸魂育人。如浙江大学面向学生开设新思想、“四史”专题课程、“习近平法治思想概论”等课程，进一步加大将新思想的生动内容转化为教材编写、教学内容的力度。清华大学成立习近平新时代中国特色社会主义思想研究院，求真、求深、求新、求实，深入扎实做好研究宣传和阐释工作。深入挖掘大学精神的育人功能，推动民族精神、中华优秀传统文化、革命文化和社会主义先进文化进校园、进课堂、进宿舍。浙江大学通过深化马兰工作室等思想政治教育特色示范基地、研究生思政教育特色平台、“一院一品”思政品牌项目建设，深化对红船精神、马兰精神等的宣传教育。北京大学积极弘扬五四精神，将中国梦、北大梦与五四精神结合起来，弘扬“爱国、进步、民主、科学”优良传统。

2. 培养学生的创新创造能力，增强科学素质

弘扬新时代科学家精神，用科学家精神影响青年、感召青年、引领青年，激励和引导广大学生追求真理、勇攀高峰。如浙江大学建立科学家精神分层传播机制，组织全国性专题活动，树立科学家榜样。大力宣传程开甲、林俊德、黄大年、南仁东等感人至深的科学家事迹。依托“共和

国的脊梁——科学大师名校宣传工程”，宣传和挖掘学校培育的科学大师，效果显著。中国科学技术大学将抗大精神、“两弹一星”精神、科学家精神等融入立德树人全过程，制订并实施了大学生培养方案，充分挖掘各类课程和教学方式中的思政资源，组织开展了一系列以爱国爱校、弘扬科学精神等为主题的活动，着力打造了一批立足于中国科学技术大学文化和科学家精神的原创作品。将科学家精神融入一流大学的“课程思政”，鼓励学生投入科研，建立成果转化的创业辅导机制，如西南交通大学设立重点实验室，面向本科生开放科研基金申请，打造“个性化实验室”，为本科生提供良好的科研环境；北京科技大学依托30项学科相关赛事，探索“一院一赛”的学生科研机制，着力培育“机器人队”“智能车队”等学生科技创新团队。着力打造科学和人文相融合的新通识教育，增进人类共同福祉，如浙江大学的通识教育，以立德树人为根本任务，带领学生感悟综合交叉的知识、锻炼全球发展的能力、涵育人文科学的素质、培养奉献家国的人格，推动通识教育、专业教育、交叉培养的深度融合，形成了“人格、素质、能力、知识”融合一体的KAQ 2.0教育理念；北京大学元培学院被视为高校通识教育和书院制度建设的典型案例，它打破传统范式，大胆为学科培养做“乘法”，以跨学科教育为创新性引擎，引导学生跨越学科边界，让多学科融合交汇，生发出成倍于单一学科研究的科研力量，打造了一套核心课程体系，包含西方古典文明、中国古典文明、现代中国、现代世界、现代科学与技术等五个专题课程，帮助学生打开知识视野，引导学生思考人类文明的重大问题。

3. 激发学生成长动能，开拓视野格局

坚持发挥教师主导作用和学生主体作用相结合，充分激发学生成长动能，拓宽学生视野，开阔人生格局。发挥专兼职辅导员、班主任、德育导师、新生之友等教育主体的育人作用，形成“全员育人”合力，如浙江大学开展优秀班主任、优秀研究生德育导师、优秀“新生之友”、研究生“五好”导学团队等评选表彰工作，引导专业教师做学生的“大先生”。完善学生自我管理体系，推动构建共建、共治、共享治理文化，如浙江大学“一站式”学生社区，以党建文化塑造人，建成“红船精神”“马兰精神”“到祖国最需要的地方去”“国防教育”等主题化党员之家，举办“在鲜红的党旗下”主题教育活动，引导学生传承红色基因、弘扬爱国精神，勇担青春使命。以榜样文化引领人，通过设立优秀人物展、文化墙等形式，大力宣传身边榜样人物、先进事迹，让身边人讲身边事，以身边人育身边人，传播青春正能量。以制度文化管理人，成立学生自我管理委员会，推动学生由“要我干”向“我要干”转变，不断提升学生自我管理、自我服务、自我教育、自我监督的能力，如北京大学元培学院打造学生“生活共同体”，以住宿制书院的形式、“学生自治”的模式运行，每个宿舍都由来自不同专业的同学组成，各学科观点将在这里碰撞、交融，衍生出具有多学科维度的复合观点。全面提升办学空间的精神内涵，推动场景育人，如浙江大学通过建设“两弹一星”精神主题育人空间，在学生日常学习的空间中，融

入思政内涵，打造浸润式育人环境。建设学习空间、悦享空间等，让空间发挥更好的育人作用，成为学生党建前沿阵地、“三全育人”实践园地、平安校园样板高地，提高学生的获得感、幸福感、归属感。引领人类文明交融互动，发挥大学精神的引领作用，如北京大学等高校成立中外人文交流研究中心（基地），在组织科研、学术交流、新闻出版以及政策咨询等方面开展了大量工作；浙江大学加强与联合国发展署、世界贸易组织、世界卫生组织等交流合作，与国际劳工组织国际培训中心签订硕士联合培养协议。

二、教师在新时代中国一流大学精神中的育人实践

教师是立教之本、兴教之源。建构新时代中国一流大学精神的路径之一，就是发挥和强化教师的主导作用，塑造一支“信念坚定、师德高尚、业务精良”的教师队伍，在高等教育强国和教育现代化建设的实践中引领带动。

（一）教师参与新时代中国一流大学精神建构的时代意义

1. 新时代中国一流大学精神建构关键在于一流的师资队伍

高校教师是我国高级知识分子主要集聚的群体，是国家最重要的人才群体之一，建设好这支队伍的极端重要性不言而喻。当前，我国高等教育已经进入普及化时代。《中国教育事业发展统计简况 2020》显示，全国的高校有 2700 多所，其中本科以上院校 1200 多所，高职高专类院

校1400多所，全国高校的教职员工约有266万，其中专任教师183万（本科以上院校教师近130万人）。这支队伍建设状况将对大学精神的建构、德育共同体的建设，甚至整个国家的教育体系、科技创新体系、知识产生能力都产生基础性的影响。

2018年1月，中共中央、国务院对全面加强教师队伍建设做出了重要部署，印发了《关于全面深化新时代教师队伍建设改革的意见》；同年11月，教育部印发了《新时代高校教师职业行为十项准则》；2019年6月，中共中央办公厅、国务院办公厅印发《关于进一步弘扬科学家精神加强作风和学风建设的意见》；2020年3月，教育部等七部门印发了《关于加强和改进新时代师德师风建设的意见》，紧接着4月份，教育部等八部门印发了《关于加快构建高校思想政治工作体系的意见》。上述指导性文件的出台，充分体现了党和国家对高校教师队伍的高度重视。我国高等教育正处于新发展阶段，全面贯彻党的教育方针，落实立德树人根本任务，必然对高素质教师队伍建设提出了更高的内在要求。

2. 思想政治和师德师风建设是高校教师履行神圣职责和建构一流大学精神的重要保障

思想政治素质和师德师风表现是新时代高等教育对高素质教师队伍建设的首要要求，是高等教育承担国家使命的重要体现。高校教师承载着传播知识、传播思想、传播真理、塑造灵魂、塑造生命、塑造新人的时代重任，要努力成为先进思想文化的传播者、党执政的坚定支持者、学生健康成长的指导者和引路人。因此，思想政治和师德师风建设是高校教师履行神圣职责和建构一流大学精神的重要保障。

具体而言，教师在大学精神文化建构中扮演诸多角色：教师是新时代中国一流大学精神的践行者，教师在教学科研的具体实践中感悟大学精神，提升思想境界和行为规范，并又内化为自我发展的不竭动力；教师是新时代中国一流大学精神的建树者，“好老师就是一所好大学”，教师凭借自身在研究和育人活动中独特的地位与优势，往往成为大学新的精神内涵的创造者，为新时代中国一流大学精神注入新的活力；教师是新时代中国一流大学精神的传导者，教师以自己的言行营造着大学校园特有的文化氛围，并为学生树立起道德品质、人格特征、行为方式等方面的内在尺度和外在规范，在学生心中埋下信念的种子、激发无穷的力量。

2021 年高校师生思想政治状况滚动调查显示，高校教师在大变局与新时代的相互激荡中，正确认识重大理论和原则问题，道路认同进一步增强；在开启全面建设社会主义现代化国家新征程中，坚定前行信心，发展共识进一步凝聚；在共同直面“大战大考”中，感受人民力量，人民情怀进一步厚植；在与时俱进建设中国特色社会主义大学过程中，坚持守正创新，改革意识进一步深化；在为党育人，为国育才中激发奋进力量，育人使命进一步升华。

与此同时，我们也清醒地看到，师德失范事件时有发生，师德师风建设与党中央的要求和人民群众的期待之间存在一定差距；高校师德培育体系有待完善，教师政治素质和师德修养需进一步提升；教师考核评价机制有待优化，教师育人意识和职业认同需进一步增强；导学关系与互动氛围有待改善，教师育人能力和育人路径需进一步拓展。

（二）教师参与新时代中国一流大学精神建构的具体路径

1. 回归师者本分，塑造有崇高精神境界的教师

系统提升政治素养。以“党管人才”为总揽，坚持把政治标准放在教师队伍建设的首位，强化对教师的政治引领和政治吸纳，注重在优秀中青年教师、海外留学归国教师中发展党员，健全把骨干教师培养成党员，把党员教师培养成教学、科研、管理骨干的“双培养”机制。发挥教师党支部在组织教育管理党员教师和宣传引导凝聚师生力量的主体作用，大力选拔党务上有能力、业务上有建树、师生中有威信的高层次人才和教学科研骨干担任“双带头人”——教师党支部书记。

聚焦立德树人的使命。加强教师的理想信念教育，强化“四史”学习教育，以“学史明理、学史增信、学史崇德、学史力行”筑牢广大教师的信念之基。通过分层次、多渠道、常态化的学习教育制度和培训体系建设，增强广大教师的“四个自信”，引导广大教师扎根中国大地铸魂育人，聚焦立德树人的使命，把智慧和力量凝聚到育德育才、建功立业上来。明确对学生开展将价值塑造、知识传授和能力培养融为一体的德才兼备型人才培养目标，积极动员教师承担班主任、德育导师等工作，在立德树人方面充分发挥“以才引才”“以才育才”的作用。

建设过硬的师德师风。构建“多维度”的典型宣传体系，通过表彰会、报告会、专题研讨、主题讲座等形式在各类媒体平台上全方位、立体式宣传师德典型。完善“多层次”的教师荣誉体系，推动教师在坚持正确育人方向、坚守优良传统等方面形成广泛共识，完善多层分类的教师荣誉奖励机制，构建体现教师职业发展阶段特点的荣誉奖励体系。形成“闭环型”的管理监督体系，发挥院级党组织在师德审查中的主体作用，优化年度考核与师德考核“双考核”制度，在人才推荐、职称评审、岗位聘任、评奖评优、聘期考核等教师职业发展全周期中核查师德，加强师德监督。加强警示教育力度，强化底线意识，开展负面清单教育，减少无意识触及师德底线行为的发生，防范在前，预警在先。积极建设“研究真问题，真研究问题”的风清气正的科研学术生态，以过硬的师德师风打造一支能为国分忧、为国解难、为国尽责，做心怀“国之大者”的大先生的教师队伍。

2. 回归教师主体，培育有精湛业务能力的教师

尊重教师的主体地位。让“教师就是大学”成为大学制度设计的文化理念，充分尊重教师在大学知识活动中的主体性存在，以主体性尊重不断提高教师的职业认同感和幸福感。积极协调好学术权利与行政权力的关系，切实保障教师的学术权利，强化学术权利在大学知识活动中的主导地位；保障教师的各项民主权利和正当行使教育惩戒权。努力提升教师待遇保障水平，要尽可能创造条件提高教师待遇和保障水平，吸

引和稳定优秀人才乐教从教。加强对教师的关心关爱，努力让教师安心从教、热心从教、舒心从教。通过形式多样的暖心工程建设，凸显教师在学校生活中的主体性地位，如浙江大学的“浙大欢迎您”“浙大祝贺您”“浙大感谢您”等仪式已成为校园品牌活动。肯定不同序列教职员工的价值，尊重教学、管理、实验支撑、后勤服务等不同类型人员的发展需要，营造和谐共处、干事创业的良好氛围，在教职员工中树起“当教师光荣、为教师服务也光荣”的思想。

培育又红又专的业务骨干。引导广大教师胸怀世界、扎根中国，以科学家精神为标杆开展教学和科研工作，造就一批具有学术方向凝练能力、学术资源整合能力、学术声誉拓展能力的战略科学家；重视培育一批在学术精神上为学生树立表率，努力探索教学规律和育人规律，守正创新，掌握和利用好现代教育手段与技术，躬行实践的“教育家型教师”；注重对青年教师的“传帮带”，充分发挥高层次人才群体的榜样和示范作用，鼓励广大教师奖掖后学，悉心提携指导青年教师，成为青年教师的“事业之友”“学术导师”“德育导师”；打造具有合作向度的学术共同体，大力倡导教师之间相互欣赏、相互尊重、相互包容、相互合作，积极拓展教师对外交流渠道，提升其国际交往能力。

激发学术共同体活力。以尊重知识、尊重创新、尊重学术自由为出发点，推动现代大学制度建设，以制度赋能学术共同体，激发学术共同体的活力。培养教师的学术共同体意识，引导教师积极参与学术共同体建设。以学术研究需要和能力为出发点,不断优化学术资源配置方式,为教师提供更多的学术研究平台。开辟学术特区,优化考核激励政策,激发更多优秀人才潜心学术、联合攻关的动力。积极拓展高校的学术资源获取渠道,以校地合作、校企合作等方式或以大装置、大项目建设为牵引,为高校教师提供更多的学术研究经费和项目,为学术共同体建设提供良好的外部环境。更新学术理念,创新高校学术共同体的治理模式,推动学术评议模式创新,打破依赖数据开展评价的思维定式,更加注重考察标志性成果、代表作、同行评价、社会影响和国际声誉,让学术评价回归学术共同体,持续保持学术共同体的发展活力。

3. 回归教育本真,弘扬薪火传燃的育人精神

营造一流的育人生态。所有教师都负有育人责任,广大教职员工要在教学、管理和服务过程中践行育人职责,克服"重科研轻育人"等现象,坚持科研与育人相统一、教书与育人相统一、管理与育人相统一、服务与育人相统一,建立基于"三全育人"的高校育人共同体。以清晰的制度设计和安排、合理的利益分配机制、鲜明育人导向的资源配置等保障和激发各育人主体自觉履行育人职责,在职称评聘、评奖评优、绩效分配时强化育人权重,积极营造一流的育人生态。

将教师的主要精力引向教书育人。教书育人是教师的本职,要大力弘扬精心育人的组织文化,突出教育教学业绩在绩效分配、职务职称评聘、岗位晋级考核中的比重,明确各类教师承担本科生课程的教学课时。

严格执行教授上讲台的要求，落实高校教授全员为本科生上课制度。加强基层教学组织建设，以制度赋能基层教学组织活力，为长期从事教学工作的教师设立专项荣誉，营造尊师重教的良好文化氛围。

注重学术共同体与学习共同体的互动。推动思政教育与专业教育的有机融合，用好课堂教学主渠道，使专业课程与思想政治理论课同向同行；鼓励教师参与学生工作和社团活动，把教师参与招生、就业、指导学生创新创业、社会实践、各类竞赛展演等活动计入高校教师的工作量，并明确各类教师参与学生工作的具体要求，构筑师生成长共同体；拓展各类实践育人平台和路径，打造线上线下“师生交流吧”，深化推进教师参与“四课堂”融通建设，形成教学相长、师生相宜、团队共建、和谐发展的良好师生关系和导学氛围。

第二节
精神文化的品牌创新

大学文化是大学办学理念、价值追求和思想灵魂的高度浓缩，作为大学文化的重要组成，大学校园文化以师生为主体，集中体现了学校所具有的、特定的精神环境和文化气氛，是大学涵养独特品格、展现鲜明特质的重要抓手。在当前加快推进新一轮“双一流”建设的大背景下，如何涵育一流的大学校园文化，传承一流的大学精神品质，形成长青不辍的文化软实力支撑，是高校改革发展必须面对的一项重要课题。

一、新时代培育中国一流大学校园文化的重要意义

坚守思想灵魂，塑造精神气质，推动文化育人，是一流大学实现更高质量内涵式发展的必由之路。立足中国特色社会主义事业发展全局，对标新发展阶段赋予高等教育的新使命新任务，我们必须深刻认识培育一流大学校园文化的时代意义。

1. 建设一流大学校园文化是坚持立德树人根本导向、深化新时代文化育人的迫切需要

大学是一个以求真育人为核心的文化共同体，育人功能是大学区别于其他类型社会组织和文化共同体的根本特征，大学文化始终是为立德树人服务的。所谓文化育人、以文化人，就是要充分发挥校园文化在促进人的全面发展中的基础作用，潜移默化地教化人、熏陶人和影响人。这与全面贯彻党的教育方针相契合，与落实立德树人根本任务、遵循思想政治教育规律相一致。从实践上看，建设一流大学校园文化就是要提炼独具品格的大学精神，打造独具韵味的校园文化空间，建设独具一格的大学网络文化，设计独具特色的校园文化活动，引导广大师生树立崇高理想，葆有对真善美的执着追求，不断涵育服务人民、关怀人类的胸怀格局。

2. 建设一流大学校园文化是加快推进“双一流”建设、实现高等教育内涵式发展的重要途径

习近平总书记指出，办好中国的世界一流大学，必须有中国特色。[①]“特色”最核心的体现就是大学文化，最基础的落脚点就是校园文化。校园文化建设表征着办学治校水平，是衡量“双一流”建设综合实力和整体水准的重要指标。立足新的历史起点，高质量发展需要在高尚精神与一

① 办好中国特色世界一流大学[N]. 人民日报，2015-09-10.

流校园文化的推动和引领下实现，从而全方位增强“双一流”建设文化含量、文化附加值，最大限度凝聚改革发展合力，转化为办好中国特色世界一流大学的强大动力。

3. 一流大学校园文化是引领先进文化、提升社会整体文明素质的有力支撑

大学是一个思想自由、思维活跃、富有创造力的学术组织。一流大学的校园文化代表了社会主义先进文化的整体走向，具有自身文化觉醒与引导社会文化走向的多重价值。特别是作为大学校园文化核心与灵魂的大学精神，在坚守价值追求和道德风尚、引领社会思潮与风尚上无疑具有独树一帜的带动作用。我们要从外在动力视角深入探讨大学校园文化的溢出效应，强调其对于增进文化交流互鉴和社会整体文明素质的重要贡献，在构建普遍意义的家国情怀、全球担当、科学精神、人文理想等价值理念上发挥建设性作用，在输出高质量的文化空间、文化活动等社会公共文化服务，提升公众科学文化素养和精神文明中彰显独特优势、营造浓厚氛围。

二、新时代大学校园文化培育的实践举措——以浙江大学为例

我国高等教育事业自改革开放以来实现了跨越发展，在办学显性指标和硬件条件持续改善的同时，愈来愈注重精神与文化建设。作为一所

特色鲜明的综合型、研究型、创新型大学，浙江大学多年来积极传承“求是创新”精神，坚持高位推动、基层导向、整体谋划，不断丰富完善校园文化表达体系，取得了良好成效。

1. 弘扬求是创新精神和优良传统，以高远的使命愿景凝聚争创一流的奋进力量

大学精神是一所大学的灵魂，校园文化建设必须首先锤炼大学精神，提升价值高度，真正达到感召人、凝聚人、教育人的目的。一是以精神文化和使命愿景凝聚奋进力量。2014 年，浙江大学深入开展“我们的价值观”大讨论活动，确定了“勤学、修德、明辨、笃实”的浙大人共同价值观核心词，以及“海纳江河、启真厚德、开物前民、树我邦国”的浙大精神，充实发展了浙大精神的文化内涵。2021 年，学校结合党史学习教育，深入开展新发展阶段使命愿景大讨论活动，引导全校上下进一步提高政治站位，开阔胸襟视野，加强战略前瞻，凝聚心怀“国之大者”，奋力“走在前列”的思想共识。二是深入开展校史编研展示。建设校史馆、竺可桢纪念馆，打造校史史料数据库，生动真实地丰富历史积淀和文化溯源。广泛挖掘收集浙大历史名人档案史料，充分展现精英大师的成长历程和精神风范。成立校史研究中心，开展《浙江大学史》编撰与研究工作，编辑出版《图说浙大——浙江大学校史简本》《浙江大学图史》等图书，整合协同校史文化研究资源。三是强化校史校情和爱校荣校教育。在师生始业教育、毕业教育中强化校史校情宣讲和大学精神认同，开展校史文化

节、校歌合唱比赛、校史演讲比赛、“重走西迁路”、纪念于子三烈士等活动，组织原创话剧《求是魂》《速写林俊德》展演，形成求是精神薪火传燃的良好氛围。

2. 打造不教而教的文化空间，全面增强师生归属感、获得感和幸福感

润物细无声，校园文化的功能充分体现在全局性的空间与环境文化建设之中。浙江大学高度重视校园环境文化育人体系建设，让文化内涵“看得见、摸得着、感受得到”。一是强化顶层设计和制度化建设。成立学校文化建设委员会，制定实施文化校园建设规划，出台楼宇及机构标识、校园景观雕塑设置管理办法，系统做好整体文化规划布局和指导，推动校园文化从建设向管理、从管理向治理不断纵深发展。二是加强校园标志性建筑和景观建设。通过历史建筑、文化构筑物、设施及绿化景观的铸“体”造“魂”，创建自然美、人文美和科学美和谐发展的校园环境。建成求是大讲堂、校训铜牌楼、西迁文化园、学生文化长廊，以及师生交流吧、文化景观椅等一批标志性文化载体，高质量推进紫金港西区体育馆、图书馆、美育中心等建设，营造优美和谐、人文氛围浓郁的校园环境。三是以人为本打造师生活动空间。营造以师生为主体的环境文化氛围，建设学生文化长廊、惟学长廊、艺术长廊，创造多维舒适的学习活动场所。推进“一站式”学生社区建设，在各院系和学园普遍设立学习社区主题空间、师生交流吧、咖啡吧、茶吧，创造良好的师生交流空间。统筹规

划楼宇组团中院落、走廊、墙面、草坪等公共空间，创建“微画廊”“沙龙角”等，让转角遇见文化成为校园生活常态。

3. 丰富网络文化体系，鲜活生动地弘扬主旋律、传播正能量

浙江大学以思想引领为主线、以人格塑造为核心、以全员协同为支撑，努力培育积极健康、向上向善的网络文化。一是构筑平台联动、多维融通的网络文化传播矩阵。建成包括官方微博、微信、强国号、头条号、抖音号、人民号等在内的校级官方新媒体平台20余个，形成全方位立体化网络文化传播矩阵，官方微信年均阅读量超1000万，以新媒体优势提升文化育人的针对性、时效性、能动性。二是以优质内容画好同心圆，弘扬正能量。挖掘并宣传王淦昌、程开甲、林俊德、叶培建、陈薇等一批忠党爱国、爱校荣校、爱岗敬业的民族脊梁和时代楷模，深入报道奋战在教育教学一线、科研攻关一线、社会服务一线的优秀师生校友人物。统筹推进互联网＋传统文化、红色文化、学术文化、师德文化、文化校园等主题教育，创作一批微电影、微课堂、微动漫、H5等原创网络文化精品。三是主体培育增强文化认同。引导各类师生主体积极参与网络文化工作，建设网络名师工作室，打造网络评论员队伍，在理论宣传、热点阐释、舆情引导、网络作品创作等方面结合自身优势发声发文。连续多年举办大学生网络文化节，推动网络文化贴近师生、走进心田，赢得认同。

4. 培育特色文化活动品牌，形成百花齐放的校园文化氛围

校园活动是校园文化“活的灵魂”，是让教育回归生活的生动彰显。

浙江大学充分发挥师生自主性积极性，着力提升文化活动的特色内涵与价值功能，形成了独树一帜的文化活动品牌。一是完善培育机制，以点带面推进。构建以“亮点工程”＋“一院一品”为文化品牌的校院二级培育模式，在教育部举办的高校校园文化建设优秀成果评选中荣获特等奖3项、一等奖2项、二等奖1项。二是挖掘特色资源，形成学术文化等多主题系列活动，如以“年度十大学术进展”“学生十大学术新成果”等为代表的学术文化活动系列，以“永平奖”“三育人”标兵、“浙大好医护”评选等为代表的师德师风文化活动系列，以“学生节”“大学之声”新年音乐会等为代表的体艺文化活动系列，以及“缘定浙大”校友集体婚礼等校友文化活动系列等。三是注重传承创新，体现时代精神。不断丰富与扩充品牌的内涵与外延，如“人文经典·四季歌行”主题活动融合古典与现代、传承与创新于一体。“三好杯”等系列体育赛事、法学文化月等品牌活动都有着悠久的历史，在改革创新中不断完善发展。

三、新时代中国一流大学校园文化的培育路径

习近平总书记强调，“要注重文化浸润、感染、熏陶，既要重视显性教育，也要重视潜移默化的隐形教育，实现入芝兰之室久而自芳的效果”[①]。新时代中国一流大学校园文化培育需要在坚持立德树人过程

① 中国教育，把答案写在人民的心上——党的十八大以来我国教育事业改革发展成就综述[N]. 人民日报，2017-09-09.

中，深度挖掘多元化的大学校园文化内容，积极创新载体形式，不断推动校园文化开放共享，有效发挥校园文化的溢出效应，形成制度化的一流大学校园文化体制机制。

1. 坚持立德树人导向，创新大学校园文化多元内容体系

一流大学校园文化培育的核心是促进人的发展，需要在坚持立德树人的鲜明导向中不断创新校园文化的多元内容体系。一要深化红色基因与家国情怀教育。把“国之大者”教育、“四史”教育、理想信念教育、爱国主义教育有机融入校园文化塑造中，用好各类红色资源，完善先进群体进校园宣讲制度，建设“两弹一星”精神、新时代科学家精神等特色教育展示平台，引导师生把服务国家作为最高追求，在忠党报国中勇担时代使命。二要强化核心价值观教育和德性养成。将思想灵魂和价值观教育作为校园文化建设的特色所在、质量所依，加强价值观渗透、责任感培育以及人格完善。围绕人际交往规范、学术伦理、诚实信用、廉洁自律、网络文明等开展形式多样的主题宣传，选树宣传一批德性典范，切实引导师生“尊德性而道问学”，做到守公德、严私德，恪守学术道德。三是弘扬追求真理、创新创造的学术理想。大学的魅力即以真理为依归，要以卓越创新实践淬炼一流大学校园文化。大力弘扬科学家精神，营造卓越的学术文化氛围，倡导自由探索的学术风气，引导教师和科研团队以“四个面向”为导向，在培育重大原创成果上勇攀高峰。要深耕创新创业沃土，打造特色教育品牌，让创新创造活力竞相迸发。

2. 创新方式丰富载体，切实提升大学校园文化的感染力和实效性

充分发挥多种文化供给模式协同精准发力效果，实现校园文化建设涵养高校育人功能的重要作用。一要传承创新校园文化品牌建设。做好科学的战略规划，着力厘清校园文化传承脉络，总结凝练校园文化核心特色，不断丰富文化品牌的时代内涵，加强优势项目的挖掘和培育，重点围绕院系文化、学科文化、社团文化等塑造富有时代性和思想性、为师生喜闻乐见的品牌活动。二要创新校园文化话语体系。数字化时代，高校育人工作要实现从“三尺讲台”到“屏对屏”的场景转换，打造可亲可信、可知可感的网上思想空间和精神家园。通过短视频、直播等鲜活表现形式吸引师生，以讲故事、析热点、挖典型等方式综合用好“网言网语”，切实增强师生的文化共鸣、价值认同、情感联结。三要服务师生日益增长的文化需求。始终立足涵养人、陶冶人、引领人的目标，建设更为优美的校园环境、更加舒适的交流空间，创作师生喜闻乐见的文艺作品，着力增强校园文化活动的感染力，优化网络空间的文化体验，营造关心关爱师生的浓厚氛围，推动校园文化发展成果共享。

3. 推动开放共享，充分发挥大学校园文化的溢出效应

发挥大学校园文化的溢出效应，是满足公众高质量文化需求，让更多人共享高等教育发展成果，真正办人民满意大学的应有之义。一要切实提升大学文化设施平台的公共服务水平。当前，高校文化设施平台的

利用率和共享水平仍处于偏低状态，一定程度上造成了资源的闲置浪费，迫切需要政府特别是教育行政部门加强宏观指导，在符合要求的前提下，有组织地向社会公众开放大学体育场馆、博物馆、艺术馆等文化设施平台，从而提高资源利用率，丰富市民文化生活。二要在交流互鉴中发挥校园文化的辐射引领作用。作为知识的殿堂和高端人才的集聚地，大学要面向社会积极策划高水平的知识讲座、文体赛事、艺术展演等文化活动，不断增强大学文化与地域文化的互动交融，彰显教育研究与文化辐射功能。特别是要以爱国奉献的品格、厚德崇善的理念、兼收并蓄的胸襟、开拓创新的志向成为引领社会的"海上灯塔"，拉动提升社会整体文化素质。三要开展高水平的文化战略合作。加强与广电传媒、文博机构、文化基地、文化企业等的战略合作，聚焦"互联网＋文化"新业态、文艺创作、文旅融合等领域深化战略合作，共同参与重大公共文化设施建设，开发终端产品、拍摄制作影视文艺作品等文化开放项目，打造立体开放的校园文化协同建设模式。

4. 加强组织领导，健全大学校园文化建设制度体系

完善制度体系是一流大学校园文化建设有效推进的重要保障。一要形成全校上下参与校园文化培育的大格局。把文化建设纳入学校发展整体布局中，建立健全党委统一领导、党政齐抓共管、主要职能部门和基层院系各尽其责、广大师生广泛参与的校园文化工作格局。鼓励各学科积极参与学校文化建设，为文化建设工作提供人才支持、智力支持和

技术支持。二要建立健全一流大学文化培育的各项制度规定。构建完善评价、督导、激励等一系列校园文化建设制度体系，确保各项工作有章可循。建立持续性的人、财、物等建设要素投入机制，推动文化建设各项工作任务有效实施。三要健全完善校园文化建设检查评估制度。把校园文化建设纳入学校年度目标考核指标，加强对文化建设任务落实情况的检查、督促、考核、评价，健全文化建设责任制。加强校园文化建设的理论研究工作，积极探索新形势下加强和改进校园文化建设的新思路、新举措。

第三节
一流大学的治理文化

习近平总书记指出，我国有独特的历史、独特的文化、独特的国情……决定我们必须走自己的教育现代化之路……扎根中国大地办教育。[①] 这就要求我国大学治理文化必须适应国情，遵循中国独特的文化逻辑，走有中国特色的治理能力现代化路径。扎根中国大地办有中国特色的大学，从大学治理文化的视角来看，关键在于建立和完善有中国特色的现代大学制度和治理体系，弘扬中华精神文化，推进大学治理体系和治理能力现代化，推动学校高质量内涵式发展，推动世界一流大学建设。

一、一流大学治理文化的内涵与意义

治理是指用规则和制度来约束和重塑利益相关者之间的关系，通过

① 坚持扎根中国大地办教育——五论学习贯彻习近平总书记全国教育大会重要讲话精神[N]. 中国教育报，2018-09-17.

以规则、合约和问责为核心要素的一整套制度安排，实现决策科学和利益协调的组织功能。大学治理是大学实现自身目标和任务的治理结构、治理规则和治理实践的总和，包括治理主体及各主体责任的分配、利益相关者的行为的控制和标准、决策的程序和过程及规则的制定，以及在实践中对未能有效解决问题的探索等。① 民主化的大学治理文化以及以此为基础的大学治理过程的互动化，客观上就构成了大学共同治理必备的要素。

大学文化与大学治理形态紧密相连，是大学治理的“精神动力”，沉淀着大学发展的精神内核，凝聚着大学办学理念和办学追求，反映着师生对大学本身的总体认知、理想信念和习俗传统，嵌入在大学治理的方方面面，渗透在大学治理的整个过程之中，发挥着潜移默化的治理功能。② 现代大学组织处于外部环境影响与内部力量影响作用下的均衡状态，在组织内部具有理性科层组织和政治属性组织的双重属性。这使得大学治理呈现模糊性和复杂性，既要受外部特别是政府与市场的影响又要保持一定的自主性，同时既受内部控制又要对外保持一定的开放。大学治理文化亦如此，一方面受外部治理文化，“政府—高校—社会”多元共治文化影响；另一方面在坚持实施党委领导下的校长负责制过程中，内部需合理划分学术、行政、监督之间的权力和责任边界，从而提高

① 李立国. 什么是好的大学治理：治理的“实然”与“应然”分析[J]. 华东师范大学学报(教育科学版)，2019，37(5)：1-16.

② 张德祥，牛军明. 论文化治理性与大学文化治理[J]. 现代教育管理，2021(1)：1-9.

治理主体的治理能力，优化治理体系，通过高水平的治理和建设，不断提升大学办学质量。

作为一个多元异质文化的糅合体系，大学治理文化体系具有层次性，由内部和外部相关利益者共同信守的基本信念、价值标准及精神风貌等构成。精神文化层是大学治理文化的核心，大致包括治理理念、治理目标、治理价值观、治理风气和治理道德等；制度文化层是大学治理核心理念的具体化，大致包括一系列具体的规章制度、各项行为规范和治理策略等。具体来看，大学治理文化体系不仅包含行政文化与学术文化，还包含教师文化与学生文化，以及传统文化、新兴文化与创新文化等。

二、浙江大学治理文化的实践与探索

浙江大学秉承“求是创新”校训，大力弘扬“勤学、修德、明辨、笃实”的浙大人共同价值观和“海纳江河、启真厚德、开物前民、树我邦国”的浙大精神，坚守“以天下为己任、以真理为依归”“只问是非、不计利害”的崇高追求，加强一流大学治理文化建设。坚持“政治统领、德治固本、法治保障、共治聚力、智治赋能”，进一步完善学校治理体系，形成与世界一流大学相匹配的治理架构和硬软件环境，不断提升学校治理能力，全面夯实实现更大梦想的支撑保障基础。

（一）营造良好的制度文化

浙江大学贯彻落实习近平法治思想，健全以大学章程为基本框架的办学运行机制和责任体系，健全“党委领导、校长负责、教授治学、民主管理”体制机制。充分尊重和保障师生的主体地位，建立师生与学校党政领导、职能部门面对面沟通的常态化机制。加快推动治理体系的内部完善与外部协同，强化开放治理、多元参与、整体联动，推动决策科学化民主化，保障教师学术自主权和师生民主参与权。

坚持以人为本理念，形成尊重师生、关心师生、培养师生、激励师生的制度文化。努力破除“五唯”，尊重学术逻辑和学术规律，建立回归学术常识、学术本分、学术初心、学术梦想的评价体系。加强师德师风建设，不断提升教师的学术修养，倡导尊师爱生、教学相长的师生关系，引导教师真心关爱学生，严格要求学生，进一步打造“五好”导学育人文化品牌，着力形成教师敬业立学和崇德尚美的新风貌。

汇聚国内外各界顶尖人物和知名人士为学校改革发展建言献策，建立发展战略咨询顾问机制。培育共生共荣共发展的校友文化，完善校友组织的全球布局和行业格局，充分运用信息化手段优化校友联系网络，打造线上线下联动的精神家园。大力宣传各行业领域校友的先进事迹，发挥优秀校友的榜样示范作用，进一步厚植爱校荣校情怀。

（二）构建基层组织文化

学校完善基层组织架构和制度体系，强化力量和资源配置，赋予基层充分的自主权，进一步释放基层组织的活力和创造力。增强基层组织治理能力，提升基层组织力和执行力，确保学校战略规划和重大决策部署落实到位。完善基层教学组织建设和运行机制，理顺校院两级教学管理体系，营造教学质量文化氛围，强化基层教学组织功能，落实分层分类考核文化。完善基层科研组织建设和运行机制，优化战略布局，强化交叉汇聚，完善考核评价机制。

构建基层特色文化表达体系，推动社会主义核心价值观和浙大精神文化进一步内化为基层师生的精神追求，将服务师生关爱师生的理念落实到基层单位，营造争锋一流、和谐进取的基层文化环境。加强院系文化建设，继承弘扬学科底蕴和文化传统，创建“一院一品”特色文化品牌，充分展现院系学术文化传统、精神价值和育人导向。加强科研组织文化建设，促进学术交流合作和倡导自主科研攻关，塑造学术共同体文化生态。建设学习型、研究型、效率型、服务型、竞争型机关，提升团队凝聚力和组织执行力，营造争锋一流、和谐进取的办公文化环境。

打造党建与教学科研、育人育才等中心工作深度融合的文化载体，助推支部成为德育共同体、学习共同体、发展共同体。重视班团、师生组织以及寝室、实验室、研究所、课程组的文化建设和道德规范养成，打造师生治学问道中热爱和信赖的温暖集体。建设教职工美育中心，组建教工社团，支持发展青年教授、女教授联谊会和各级各类学生社团，进一步为各类人才发挥活力创造条件。

（三）塑造数智治理文化

浙大实施优质服务工程，深化“一流管理、服务师生”主题活动，切实解决一批师生反映突出的盲点、堵点、痛点问题，提高行政服务办事大厅2.0建设水平，强化各校区事务办理功能和网上办事功能，继续推进“最多跑一次”“最多找一人”改革。积极回应全体师生对美好生活的新期待，深入了解师生所需，充分反映师生所愿，深入推进“暖心爱心工程”，营造关心关爱的校园氛围，切实增强全体师生的归属感、获得感、幸福感。

运用信息技术推动治理理念、方法和模式创新，实施“一网通办”工程，促进业务线上线下互动和跨部门融合，加快校园“百事通”信息服务和咨询投诉平台建设，促进管理服务的科学化、精细化、人性化，探索整体智治的方法和路径。打造“校园大脑”，构建即时感知、主动服务、高效运行、智能监管的智慧治理高级形态，为学校科学决策和战略规划提供强有力数据支撑。

不断丰富“学在浙大”品牌，加强精品网络课程和智慧教学资源平台建设，支撑行动式、沉浸式、合作式等学习2.0模式，营造更优越的师生互动和学习交流环境氛围，全面提升育人质量。打造“研在浙大”品牌，加快构建一站式线上科研空间，有效促进科研团队线上协同，形成共建共享的科研生态，让各类研究平台获得强大和持续的发展动力。

（四）增强资源集约性治理文化

深化与政府、头部企业的战略合作、联动合作，加强“政产学研用金”全链条互动，构建更加紧密的一体化新型开放合作关系，在联合开展人才培养、技术攻关、重大平台共建、资源共享等方面实现更高层次的融通。探索资源的市场化运作，提升经营性资产管理成效，深化学校所属企业体制改革，加强科技成果转移转化，推进知识价值化产业化。

深化预算体制改革，优化经费支出结构，统筹项目与资金规划，扩大院系财务管理自主权，提升资源配置效能。围绕“双一流”建设需要科学配置各类办学资源，确保资源配置与一流目标高度契合。强化绩效考核，以单位投入带来的成果产出和价值贡献为导向，动态调整和优化资源配置机制。坚持专业化、规范化、现代化发展道路，构建一流后勤服务保障体系。践行绿色发展理念，推进节能、节水和生态环保工作，积极创建绿色学校。

三、培育一流大学治理文化的路径

大学治理文化的核心问题在于“在什么样的文化背景下开展治理行动”。大学治理在追求大学制度合理性和高效性的同时，更要从制度文化的内在价值出发，致力于大学制度的文化价值和大学精神文化的构建，实现大学制度与精神的融合，以大学制度文化与精神文化的有效契合为基点，构建大学内部生态型多元协同治理模式，有效推进我国大学内部治理能力现代化建设，引领世界一流大学建设。

（一）强化大学精神文化的价值引领

意义与价值认同是精神文化的核心，大学内部治理能力现代化要在大学文化本位的层面上回归大学的价值理性，在价值共识基础上实现大学文化认同。通过核心文化价值引领，发挥大学精神文化“软治理”功能。[①] 扎根中国本土文化，发挥社会主义先进文化在大学精神文化塑造过程中的价值引领作用，使之成为大学内部治理现代化的内在驱动力。通过大学精神文化的价值引领，开展基于信任与共同价值的沟通与交流，凝聚大学内部不同利益群体共识，克服行政管理文化的单向价值输出，突破文化融合与文化互动难以实现的文化治理困境，从而推动文化认同进一步走向文化自觉。

（二）涵养能治、善治、法治的多元大学治理文化

坚持党对教育事业的全面领导，这就要求大学内部治理要坚定不移地坚持党的领导，强化政治权威和行政权威的存在，构建有中国特色的大学内部治理制度体系和话语体系，把中国特色的制度优势有效地转化为培养社会主义建设者和接班人的能力。一流大学要坚持和完善党委领导下的校长负责制，构建教师民主治学、学生自主学习，社会各界参与、利益相关者广泛参加的多元治理文化，形成“办学自主、政校分开、校

① 吴立保.大学内部治理能力现代化的文化逻辑[J].中国高教研究，2020(5)：59-65.

长治校、教师治学”的基本文化框架。

建立尊重和发挥教师主体作用的文化理念，以学术为本、以教师为中心，让教师发挥在学术治理方面的决定性作用。坚持立德树人、以生为本，扩大师生参与学校事务的广度和深度，营造不断激发师生创新活力的文化。培养面向未来全面发展的拔尖创新人才。建立教授治学的学术文化，一方面激励教师努力追求学问；另一方面也为教师参与学校内部治理提供一套规范体系，构建一种大学学术文化与行政文化保持平衡的制度，保证教师参与大学重大事务的决策权利，推动大学实现学术自由与学术自治。

（三）推进院系内部治理改革文化建设

中国大学内部治理的制度文化，需要强化来自院系层面和教师学生群体的主动参与。治理文化为学院不同相关利益者提供目标引领、思维方式与行事方式。治理重心下移是我国大学内部治理改革的方向，其重点在于加强基层学术组织建设。通过改善学院治理结构、权力和文化，构建符合治理理念的文化底蕴，激发学院活力；通过基层制度文化建设，促进学校基层组织与学校行政管理在制度保障下交流与沟通；通过制度化的权力分配，为大学日常运行提供规制性、规范性和文化认知性的行动指南，促进行政人员与学术人员建立交流合作、信任共享的互动互惠关系，致力于大学共同治理目标的达成。

第四节
大学精神的传创互鉴

新时代中国一流大学既承担着培养优秀人才、推进学术进步、建设中国特色世界一流学科的使命，也承担着打造全球文明对话交流平台，把握意识形态竞争主动权、话语权的职责；而其大学精神的国际传播，正在上述领域中得到彰显，进而引领文化互鉴，助力人类文明永续发展。新时代中国一流大学精神的国际传播需要在战略构架、学术旨归、教学生态和矩阵建构上形成联动机制，嵌入国家多主体、立体式的大外宣格局中，积极推动中华文化和中国智慧走出去。

一、新时代中国一流大学精神的国际传播

国务院《关于印发统筹推进世界一流大学和一流学科建设总体方案》明确指出，“形成推动社会进步、引领文明进程、各具特色的一流大学精神和大学文化”。其中，一流大学精神是“中国一流大学得以基业长青

的关键”。这一“关键”如何发挥作用，除了对内形成强有力的向心力，还需要展开丰富而有效的国际传播，使新时代中国一流大学参与到全球文化交融互动之中，树立中国一流大学声誉，主动讲好中国故事，推动人类文明交流互鉴。从这一站位出发，一流大学精神的国际传播就不仅是话语体系与传播策略问题，更是构建具有鲜明中国特色的战略传播体系，广泛宣介中国主张、中国智慧、中国方案的重要方式。

中国现代大学诞生于国家危亡的特殊时刻，而其在新时代中发挥作用，需要对其精神予以新的阐释，使之从救亡图存转向助力民族复兴。在这一转向过程中，一流大学精神、大学文化往往会显示出历久弥新的价值感与民族性，从而与“人类命运”这一国际传播的核心议题紧密关联在一起。

（一）战略构架：打造大学声誉全球化认知浙大方案

新时代一流大学精神的国际传播，要以学校的战略构架为载体。整体而言，一流大学精神的国际传播，其目的有二：一是为了讲好中国大学故事，推动中华文化走出去，全面参与新时代全球教育和文化竞合，在与世界对话的过程中实现思想争鸣、学术繁荣和文明进步；二是为了彰显新时代中国大学的国际能见度，吸引全球人才来华求学、任教，进而培养更多知华、友华、爱华的杰出校友。这两个目的的核心，都是提升大学声誉的全球化认知，扩大大学的国际朋友圈，而提升大学全球声誉，扩大国际朋友圈，就需要获得全球范围的普遍认可。这非仅靠拓展传播渠道、增加媒体曝光就能实现。它更需要新时代一流大学在国际传播的战略构架中突出人类命运共同体的全球站位，展现来自中国社会实践和一流大学创新智慧在“与各国一道解决全人类问题”过程中的可能性贡献。

那么，什么是“全人类问题”呢？譬如联合国设立的人类社会“可持续发展目标”。为了紧密对接《联合国2030年可持续发展议程》（简称“2030议程”），响应国家“2030碳达峰”及“2060碳中和”气候行动目标，2021年3月，浙江大学推出了《浙江大学可持续发展行动计划》（*Global ZJU for Social Good*，简称“Z4G”），明确提出学校发展应融入全球议程，为国家落实“2030议程”贡献“浙大智慧”，助力打造全球可持续发展的“浙大方案”和“中国样板”。随后，浙江大学主办了“全球大学校长线上论坛”，并在论坛上发布了《全球大学校长关于2030年可持续发展议程的联合倡议》。该倡议由浙江大学发起，得到了包括哈佛大学、耶鲁大学、伦敦大学学院、悉尼大学、多伦多大学、北京大学等来自六大洲、30个国家和地区的56所高校的积极响应。作为首个由中国高校发起的可持续发展全球倡议，它从“贯彻落实可持续发展理念”“提升可持续发展胜任力”“支持应对全球挑战的科学研究”“携手全球伙伴提供创新方案”“围绕具体问题开展建设性的跨国合作”等五个方面提出全球一流大学的共同愿景，号召全球高校积极通过对话与协作，在塑造可持续未来的过程中发挥更大的作用。

围绕“可持续发展”这一具有全球性意义的战略议题，浙江大学的国际传播持续发力。在 2021 年 11 月与世界顶尖科学家协会联合主办“世界顶尖科学家大学校长论坛”，邀请美国、英国、法国、以色列等国知名高校的校长和科学家代表，围绕“促进未来可持续发展的开放科学行动”主题，展开经验分享。2021 年 12 月，浙江大学副校长何莲珍教授在国际大学协会会刊 *IAU Horizons* 上发表题为《携手共建可持续发展校园》的署名文章，介绍了浙江大学在“Z4G 计划”中围绕人才培养、创新科研、绿色校园开展的可持续发展具体实践等方面内容，展示了浙江大学作为实现全人类可持续发展目标中坚力量的地位和角色。

由此可以看出，新时代中国一流大学精神的内涵诠释与国际传播需要密切结合人类社会的变迁与困境，在与时俱进的时代背景中主动推进世界文化交融，服务国家区域对外开放战略，增进与世界其他国家高校的相互理解和民心相通；在展示负责任一流大学形象的前提下，提升大学声誉的全球认知和精神认同。

需要指出的是，这种全球声誉提升的战略架构要建立在“扎根中国大地”的基础之上。新时代一流大学精神的国际传播应以出色的在地化为前提，把大学精神与地域文化关联起来。习近平总书记曾在浙大指出：“作为浙江精神重要组成部分的求是精神，是百余年来浙江大学办学理念的浓缩和凝练，是浙大人‘以天下为己任，以真理为依归’崇高追求的高度概括。”[①]也就是说，大学精神与其所处的地域精神是有机的整

① 扎根中国大地办大学——习近平同志关心浙江大学发展纪事[N]. 浙江日报，2018-12-10.

体，必须统而观之，使一流大学深深扎根于中国大地，服务在地国际化（“at-home” internationalization）的需要。浙江大学在战略构架上早已突出在地国际化的特征。2013年，浙江大学启动国际联合学院（海宁国际校区）的建设，创造性提出“以我为主、高水平、一对多”的国际合作办学模式；2019年，浙江大学与义乌市政府合作共建浙江大学“一带一路”国际医学院，努力打造“一带一路”沿线国家医学人才留学首选目的地，都是例证。2020年12月，时任浙江大学校长吴朝晖院士在国际大学协会会刊*IAU Horizons*上发表题为《后疫情世界高等教育新范式》的署名文章，也明确提出疫情凸显了“在地国际化”的战略意义，营造本土国际化环境或将成为后疫情时代的重要课题。

（二）学术旨归：促进人类文明多学科交流互鉴话语

新时代一流大学精神的国际传播，要以高水平的学术研究为载体。学术是一流大学得以持续创新的基础和生命。曾任哈佛大学校长的陆登庭（Nei L. Rudenstine）就指出：“只有教师的绝对质量达到了国际水平，一所大学才能称得上是优秀大学。而如果我们要创建一所具有国际水平的优秀大学，那么，我们就必须意识到，在文理和各个专业学术领域，对教师质量测量的主要指标是具有原创性的学术工作和研究工作的质量。”美国斯坦福大学国际声誉能够迅速提升，也得益于“硅谷之父”特曼（Frederick Terman）校长提出的“学术顶尖”构想，即吸引顶尖人才，把有条件的系所办到学术顶尖状态。而对新时代中国一流大学来说，学术研究作为其精神的国际传播载体，重要的是使学术成果能够承载启真崇善的大学精神，实现“为解决人类文明演进中的重大理论和现实问题做出贡献”。

也就是说，一流大学的学术研究要面向全球，在延续国脉、弘扬国粹、振兴国学上发挥引领作用，构建具有全球影响力的基础理论、研究范式、知识体系，在研究展开的过程中，实现其大学精神的国际传播。把人类文明交流互鉴作为学术研究的重要出发点和落脚点，不仅是服务国家重大战略的需要，也是构建兼容并包、海纳百川的学术研究生态的需要，更是彰显一流大学开源精神，显现其开阔胸襟的需要。北京大学倡导“思想自由，兼收并蓄”，浙江大学校歌以“大不自多，海纳江河”为开篇，都表达了这种中华文明独特的气度和大学气象。

以浙江大学的“一带一路”研究为例，其坚持高标定位、主动参与、开放共享的学术目标，在机制建设、平台搭建、智库研究等方面都有很好的探索与实践。近年来，浙江大学与“一带一路”沿线国家近30所高校和科研机构建立了合作关系，尝试构建“一带一路”教育科技共同体，取得了较好的成效。在机制建设方面，浙江大学建立了“一带一路”国际医学院，以建成具有较大影响力的“一带一路”留学生教育基地为目标，牵头成立了“一带一路”工程教育国际联盟，设立中国学、临床医学、海洋学等一批“一带一路”沿线国家人才培养项目。

在平台搭建上，浙江大学先后举办了“海上丝绸之路高端国际论坛”

“中葡海洋论坛”、“一带一路”国际青年论坛等，加强与“一带一路”沿线国家高校的研究合作；先后共建了“中国—印度尼西亚海洋科学与技术中心”“中国—印度尼西亚生物技术联合实验室”“浙江—马来西亚传统药物联合研究中心”等科研平台，加入“中国—中东欧国家医院合作联盟”，与“一带一路”沿线国家共同应对生态能源、人口健康、文化遗产保护等领域的重大挑战。

在智库研究上，浙江大学先后成立了“一带一路”研究中心、“一带一路”合作与发展协同创新中心，牵头成立宁波中东欧国家合作研究院，建设“一带一路”数据库，联合成立海上丝路航运大数据中心、“一带一路”投资环境与综合发展指数数据库与应用平台，聚焦“一带一路”合作与发展的重大理论和现实问题，开展基础性、战略性、前瞻性研究，提供高质量智力支撑。2017年，由浙江大学牵头沿线30多个国家近50位专家共同编撰的《“一带一路”争端解决机制》蓝皮书，为“一带一路”争端解决提供了“浙大方案”，全球反响强烈。

特别值得一提的是，浙江大学于2010年底启动“海外一流学科伙伴计划”，设立专项经费，在校内遴选多个院系分别对接牛津、剑桥、斯坦福、哈佛、普林斯顿和麻省理工等32所世界名校的一流学科，深入开展师生交流近3000次，举办高水平国际会议上百场，在人才培养、学术研究等方面探索全方位、稳定性的国际合作机制，使中外一流大学精神能在学科对接中呈现交流互鉴的趋势。

正是在一流大学学术研究国际化的过程中，大学精神得到了传递和表达。浙江大学通过建设亚洲文明研究院、联合国教科文组织研究中心、全球数字沟通研究中心等机构，主动参与构建人类命运共同体，将增进人类福祉作为重要研究目标，向世界展示了新时代中国一流大学精神的国际担当和全球辐射力。

（三）教学生态：探索全球开放全过程衔接培养模式

新时代一流大学精神的国际传播，要以全球化的教学生态为载体。在一所大学中，最能体现大学精神的载体是学生，大学精神最终要转化为学生的个人素养与精神品质，亦即是在教学生态与办学质量上体现出来。新时代中国一流大学扎根铸魂的精神，融入其教学体系之中，集中呈现为全球开放的全过程培养模式。

学生在国际化的环境中成长，教学在国际化的语境中进行，学校治理也“基于全球战略”，“探索与国际合作伙伴协同治理的有效模式，将国际师生与本土师生纳入一体化管理”，“使全球开放的视野胸襟成为大学文化的有机组成部分”①，表现在教学上，就是秉持开放联动、共赢发展的办学理念，实施全球开放发展战略，不断深化与全球顶尖大学的合作，推进开放、多元的教育教学体系国际化。

针对本土学生，着眼于国际传播的一流大学精神需要在教学体系的

① 吴朝晖. 新时代中国一流大学精神建构研究[J]. 中国高教研究，2019(10)：14-19.

设计上更加突出国际化，使学生在国际化的语境中熔铸熏陶，产生“以天下为己任”的自我意识和人生期许。如浙江大学长期实施“世界名校交流计划”和国际组织精英人才培养计划，面向境内学生开设“国际组织与国际发展”等辅修专业。目前，浙江大学已与遍及六大洲、40 个国家和地区的 200 余家高校、学术机构和国际组织建立了合作关系，建立了 40 余个国际联合研究中心（实验室），在教学方面展开深度性质合作，为师生搭建国际交流平台。即便在新冠疫情期间（2020—2021 学年），学校也通过线上、线下等多种途径展开学生海外交流，全年举办交流项目 266 个，交流人次 5944 次，本科生国际交流率接近 90%，与全球排名前 50 的高校交流比例超过 50%。以 2021 届毕业生为例，截至 2021 年 8 月，全校 5453 名毕业本科生中有 772 人升学海外，占比达 14.2%；2020 届本科毕业生中，有 962 人选择去境外留学，比例为 16.90%。从他们深造的学校看，浙江大学 2020 届毕业生赴世界排名前 50（根据 2021 泰晤士高等教育世界大学排名）高校深造的人数为 647 人（含硕士研究生），占升学海外总人数的 58.29%；赴世界前名 100 的高校深造人数的为 835 人，占升学海外总人数的 75.23%。这些学生从中国的一所大学出发，奔赴世界各地，本身就是大学精神在国际上的传播。

除了本土学生外，着眼于国际传播，一流大学应以其大学精神感化和熏染国际学生，使他们在中国的留学生涯中能够感受到中华文明的强大创新力和生命力，知华、友华、爱华，为增进世界不同民族之间的相互理解，促进民心相通发挥作用。2021年，浙江大学全日制在校学生中有5609名为国际学生（攻读学位的国际学生4925人），来自世界150多个国家。对于一流大学精神的国际传播来说，攻读学位可以更好强化留学生的文化身份认同，实现大学精神薪火传燃的机制建构。浙江大学长期坚持的始业教育、新生之友、朋辈教育等机制，校庆活动、校友创业大赛以及大学与地方的在地互动等形式，都在密切学生与大学的情感关联和精神感染。如来自澳大利亚的留学生蒂姆·克兰希（Tim Clancy）在读期间就活跃于杭州市各类志愿服务活动，曾获得“G20杭州峰会国际志愿者代表”“G20杭州峰会服务先进个人”“杭州旅游推广代表”“杭州景区公安形象大使”和西湖区道德模范等荣誉称号，也是唯一入选“新时代杭州十大青年英才”的外国青年，被媒体称为“洋雷锋”。还值得指出的是，浙江大学师资队伍中学缘为境外的教师数达1076人，占所有教师的24.86%。这些教师的国际视野和家国情怀本身就是一流大学精神传承与传递的重要载体，有助于一流大学形成开放包容的教学生态，也有助于一流大学精神在不同文化和学缘中熔铸创新。

浙江大学的国际化教学生态突出表现在对国际联合学院（海宁国际校区）的谋划与经营上。该学院与国际综合排名或单一学科排名居于前列的世界著名大学或一流学科开展合作，建设不同学科的独立学院，如浙江大学—爱丁堡大学联合学院（以下简称ZJE）、浙江大学—伊利诺伊大学厄巴纳香槟校区联合学院（以下简称ZJUI）等。2020年11月，该校区还成立了浙江大学国际联合商学院。从校区首届毕业生的留学深造情况看，ZJE 毕业班学生赴海内外名校深造率 100%，全奖博士录取率 65%，ZJUI 毕业班学生深造率 96.4%，赴美留学学生中被美国排名前 20 的名校录取的学生占比为 100%。

（四）传播策略：构筑大学精神全方位国际传播矩阵

新时代一流大学精神的国际传播，要以全方位的传播矩阵为载体。大学精神国际传播最直接的平台是媒体，上述三种载体是间接的传播，而其效果需要通过媒体来形成广泛的宣传，从而更好地被认可。构筑全方位的大学精神国际传播矩阵，既需要深化与重要媒体的战略合作，营造良好外部形象和公共关系，也需要建设独具特色的大学形象识别系统，策划具有国际影响的文化学术活动，提高统筹运用多种媒体做好宣传工作的能力，还需要鼓励师生在国际主流学术平台或新闻媒体发声，统筹做好内宣、外宣工作，讲好新时代中国一流大学故事。

在国际传播矩阵的打造上，一流大学精神的融入与学校品牌内涵的发展是密切相关的。它要在新闻发布与品牌推广之外，促使传播矩阵的内容建设与渠道拓展能够围绕传播中华文化、讲好中国故事、促进文明交流互鉴而展开。以浙江大学立体化海外传播矩阵为例，其配合学校战略、科研与教学呈现出三个特点。

一是积极主动。近年来，浙江大学在海外发声越来越频繁，声音也越来越洪亮。仅在 2020 年新冠疫情期间，学校就通过融媒体矩阵发布疫情相关科普信息、感人事迹、研究成果等240条，海外社媒新闻阅读量近70万次、互动8万余次。特别是与新华社、《中国日报》和CGTN等海内外主流媒体合作上，浙江大学探索出“创意＋时机＋平台”的三维模式，主动策划，主动出击，以创意夺人，借船出海。2019年，浙江大学邀请英国资深媒体人休斯·伊恩·本杰明（Hughes Ian Benjamin）到访，主动策划海外人才引进和人才国际化培育的主题，相关文字和短视频报道在全球9个国家以7种语言发布，第一时间被超1300家各地主流媒体、门户网站及重点资讯网站广泛转载，译成中文的报道在新华社客户端浏览量超过了93万次。

二是突出交流。一流大学参与国际传播，一方面要嵌入大学精神，使扎根本土、带有浓厚中华文化色彩的新时代中国一流大学精神能够以高等教育的专业姿态面向世界表达；另一方面则要注重突出文化交流，使大学精神发挥濡染熏陶的作用，避免强硬的宣传与说教，从而实现在传播中华文化，讲好中国故事的过程中，助力学校国际声誉的提升。2018年，由浙江广播电视集团与浙江大学联合主办的“首届国际名校学霸龙舟赛”在杭州开幕，来自哈佛大学、麻省理工学院、牛津大学、斯坦福大学、澳门大学、北京大学、清华大学、浙江大学、复旦大学、中国科学技术大学等国内外15所知名高校的参赛队伍，吸引了全球媒体的目光，美联社和法新社两家海外媒体都派出记者到赛会现场采访，相关报道在亚洲、欧美地区的近20个国家以10种语言发布，并被当地主流媒体、门户网站及重点新闻信息服务平台广泛转载，总数达550家(次)。皮划艇项目在国际上常见，但将其改换为带有浓郁中国传统特色的龙舟赛，便充分显现出一流大学精神的本土性和全球化。

三是立足专业。一流大学精神的国际传播与专业媒体不同，其传播必须依靠“一流大学”的优势，在高等教育这一专业领域树立威望，从而提升其传播的公信力。近年来，浙江大学与《泰晤士高等教育》(THE)和施普林格《自然》(*Nature*)等海外高教类媒体和科学杂志，借力国际组织和大学联盟等平台，向世界展示浙大形象，传播浙大观点，贡献浙大智慧，取得了很好的效果。2019年，作为中国高校唯一代表，浙江大学参与了BBC高等教育微纪录片系列拍摄并通过国际大学协会(IAU)2019年大会、BBC全球新闻(Global News)网站及海外社媒平台发布，向全球3亿观众介绍了浙江大学基于创新的创业教育举措；《浙江大学全球开放发展战略》荣获了THE亚洲年度国际战略大奖，也是中国内地高校首次获此殊荣。2020年，学校领导和多位专家在THE、WEF、IAU平台发表多篇署名文章，介绍疫情之下浙江大学的应对举措，展望“后疫情”时代高等教育变革。

浙江大学的国际传播矩阵以1个门户网站、36个学院网站、8个部门网站及教师个人英文主页组成的多层次英文网站群为核心，以5个海外社交媒体平台为侧翼，以自建全球专业邮箱推送为辅助。浙江大学的海外新闻通讯(Connection)，以及Discover ZJU、Dialogue@ZJU、Insight@ZJU等栏目都已经成为重要外宣品牌，为树立浙大国际形象，展示中国一流大学精神与文化提供了直观的窗口。

（五）一流大学精神国际传播的三个面向

新时代中国一流大学精神的国际传播，是中华文化走向世界的重要表现，也是把新时代中国制度优势、组织优势、人力优势转化为传播优势的重要方式。一流大学精神的国际传播不应局限于学校自身的美誉度，更要将“开物前民”的气度与胸襟，将一流大学参与捍卫全球公平正义、引领人类未来的决心与勇气彰显出来，将中华文化的包容与善意彰显出来，将民族复兴的前景与蓝图彰显出来。新时代中国一流大学精神的国际传播要着眼于以下三个面向。

一是立足中国，进一步发思想之先声。一流大学是民族复兴的重要引擎，其精神的国际传播需要展示“树我邦国”的姿态。上海交通大学以“饮水思源，爱国荣校”为训，重庆大学以“勤学业，爱国家”为教，中国科学技术大学更标榜“红专并进，理实交融”，都体现出家国情怀作为新时代中国一流大学精神的底色。这一底色在国际传播的过程中应该得到强化，特别是要借讲好大学故事来呈现更好的民族国家形象。在此，整合内宣、外宣，实现用中国理论阐释中国实践，打造融通中外的新概念、新范畴、新标书，就显得尤为重要。新时代中国一流大学应该在国际传播过程中为整个国家的国际传播提供学理支撑与实践范本。

二是立足教育，进一步展人文之情怀。教育的本质是立德树人，要将成风化人、服务人民、关怀人类三者相统一的大学精神理念灌注到国际传播之中,使“培养人”成为国际传播的主体和主线。清华大学倡导“自强不息,厚德载物”,中国农业大学高悬“解民生之多艰”,南开大学提出“允公允能”,东南大学、厦门大学都以“止于至善”作为目标,同济大学校名就体现了“同舟共济”。这些教育理念在国际传播实践中应该转化为多元的国际化教学实习、社会实践、创新创业和文化体验,通过全球学生文化交流中心、国际学生社团和基地,促使国际学生和本土学生在在地的学习生活氛围中融合发展,知华友华,成长成才。

三是立足时代,进一步呈未来之蓝图。一所一流大学就是一个国际传播的节点,一所一流大学的精神与理念就是其开展国际传播的内在动力。多年来,浙江大学持续推进构建以顶尖大学合作为“峰”,以欧美国家、亚洲国家、“一带一路”、“金砖国家”和国际组织合作交流为“脉”的多维度国际合作网络,与六大洲、40 余个国家和地区的 200 余所高校建立了合作关系,与 7 所世界顶尖大学和 37 所全球前 50 位的大学建立了深度合作关系。它以富有前瞻性和未来感的科学研究、人才培养为中华文化走向世界提供了一种来自知识界的路径。浙江大学国际联合学院、浙江大学海外教学科研基地、浙江大学硅谷中心、浙江大学创新医药研究院(硅谷)、浙江大学“一带一路”国际医学院……以国际大科学计划和大科学工程为代表的人类命运共同体前景,在一流大学精神的传承与传递中得以展开。

新时代中国一流大学精神的国际传播,是教育开环、创新开放和文化开源的重要体现。它不仅需要一流大学能够勇担时代使命，更需要一流大学深刻理解服务国家教育对外开放的新要求，全面迎接竞相抢占全球发展优势的新趋势，主动彰显中国高等教育推进全球开放发展的新作为，从而使大学精神得到融汇与更新。

二、新形势下中外一流大学精神的互学互鉴

党的十八大以来，习近平总书记多次阐述对文明交流互鉴的看法和主张。2014 年 3 月 27 日，在巴黎联合国教科文组织总部发表重要演讲时，习近平主席首次提出“文明因交流而多彩，文明因互鉴而丰富。文明交流互鉴，是推动人类文明进步和世界和平发展的重要动力”。[①] 此后，他又在不同场合强调：“纵观人类历史，不同文明交流互鉴，让世界更加丰富多彩，也为不同国家和民族加强合作提供了强大支撑。”[②]“中国共产党历来强调树立世界眼光，积极学习借鉴世界各国人民创造的文明成果，并结合中国实际加以运用。”[③]这些重要论述，是对马克思主义文明理论的继承和发展，也为构建人类命运共同体提供了理论基础。现代大学精神作为人类文明的重要组成部分，在当前人类受到后疫情时代的不确定挑战以及欧美等全球化逆流的严重威胁背景下，强化国家民族间大

① 习近平. 文明交流互鉴是推动人类文明进步和世界和平发展的重要动力[J]. 求是，2019(9).

② 文明交流互鉴为加强合作提供强大支撑[N]. 经济日报，2019-04-24.

③ 习近平. 携手建设更加美好的世界[N]. 人民日报，2017-12-02.

学精神的互学互鉴具有十分重要的现实意义。

（一）新形势下呼唤中外一流大学精神的互学互鉴

近年来，由于受新冠疫情的影响和欧美逆全球化势力的影响，国际正常经贸来往以及人员和人文等的交流受到了很大的影响。新冠疫情和逆全球化势力的双重冲击，对高等教育特别是高等教育国际化的影响尤其突出：它使“有意申请入学的学生无法参加考试，各种出国留学计划被取消；国际学生无法前往校园或者无法返回家园；教职人员被要求不要前往疫情严重的国家或者被要求不要出国”[①]。作为人类文明的灯塔，一流大学需要责无旁贷地承担起时代使命，发挥国家区域间人文交流等方面的积极作用，为正常的经贸交往等奠定良好的民意基础。

在一流大学的交往过程中，除了一般性的人才培养和科学研究的合作外，加强大学精神的互学互鉴同样具有十分重要的现实意义。“大学精神是因校而异”，一个大学应该有“自己的精神”“这个精神应该能够反映这个大学的使命、宗旨和办学理念，以及它的基本追求和目标”。[②] 不同国家和地区间一流大学精神集中体现了当前时代中这些大学的基本办学使命、宗旨和办学理念，以及它们的基本追求和目标。也就是说，加强不同国家和地区间大学精神的互学互鉴是我们应对当前风险挑战的重要方式。因为通过中外一流大学精神的互学互鉴，我们能够在彼此交

① 周岳峰.新冠肺炎疫情给高等教育国际化带来的影响[J].世界教育信息，2020(5).

② 王义遒.中国高等教育：多样化与教育教学质量(上)[M].北京：高等教育出版社：309.

流学习中吸收各自的办学理念，并为应对当前的挑战凝练共同的价值理念和办学目标。尤其是在当前国际政治分歧越来越大的背景下，通过大学精神的互学互鉴最大限度地凝聚共识，一定程度上可为恢复正常的国际交流与合作做出理念性和精神性引领。

（二）中外一流大学精神互学互鉴的理论原理

前文讲到，大学精神是对一个国家或地区大学的使命、宗旨和办学理念，以及它的基本追求和目标的集中体现。国家和地区间的大学精神可以通过互学互鉴得到创新与发展，同时，在此过程中也能够为建立起大学之间良好的沟通与合作机制奠定良好的观念性基础。因此，我们需要进一步探讨中外大学精神互学互鉴的理论原理，以此作为建构实践机制和提出相对应政策建议的基本理论遵循。

1. 大学精神所具备的时代性

大学精神是历史的产物，不同时期大学精神反映了大学所追寻的时代价值，也是对所处时代发展状态的一种客观反映。从世界高等教育发展史可以看出，不同时期一流大学精神正是对所处时代做出了客观的反映。如柏林大学创始人洪堡提出“由科学达至修养”。当时洪堡受到启蒙运动与康德主义的影响，敏锐地察觉到普鲁士与奥地利的专制制度为大学精神带来的弊端，所以把“孤独与自由”作为大学的基本原则，“孤独”就是让大学及大学师生对世俗社会保持一定的距离，以培育大学自由严谨的学术精神。另外，还有创建者伊兹拉·康奈尔对康奈尔大学、范·海斯对威斯康星大学的影响等。在中国，蔡元培校长以“思想自由，兼容并包”的理念，打破当时半殖民地半封建社会的固有封建传统观念，开中国公立大学招收女大学生之先例，并且注重学校与社会的联系，提出高等教育“就是学校里养成一种人才，将来进社会做事”。在当前受后疫情时代和欧美逆全球化势力的影响之下，更需要大学尤其是一流大学能够凝练出反映时代需要的大学精神，能够继续坚持开放、兼容和协作以共克时艰的新时代大学精神。

2. 大学精神所具备的开放性

大学精神同样具备开放性的基本特征，也就是说在不同时期、不同国家和地区大学之间通过互相交流和借鉴可实现大学精神的创新。比如德国柏林大学在吸收借鉴英国古典大学的办学模式和精神后进一步对其大学精神做了丰富和创新，将追求科学和知识创新作为其基本精神。此后，美国的赠地学院在吸收借鉴德国柏林大学科学研究精神基础上，进一步发展出了大学要服务社会和国家发展的大学精神。又如西方古代“雅典的学校不仅招收希腊以外的城市出身的学生，而且还广泛招收地中海沿岸的其他民族的学生”，而“诞生于十二、十三世纪的几所大学，都是超越了民族界限和文化壁垒而成立的国际性共同学习中心。不论是学生还是教师，都是从各地汇拢来的有阅历者”[①]。这些来自不同

① [日]冲原丰.比较教育学[M].刘树范，李永连译.长春：吉林人民出版社，1984.

国家和区域的教师学生在一起共同学习、互相探讨，共同形成了一所大学在特定时期的大学精神。因此，大学精神所具备的开放性特质是开展互学互鉴的基本前提之一，这也是大学精神的内涵得到不断丰富和延展的重要条件。

3. 大学精神所具备的民族性

大学精神不仅是世界的，更是民族和国家的。扎根于国家民族所凝练出的大学精神才更有生命力，才能够指引大学坚持正确的办学方向，能够为国家民族的振兴做出独特贡献。与此同时，纵观中外世界高等教育发展史我们可以发现，各个国家和地区大学的精神均立足于对本民族和国家命运的深刻关切，然后在此过程中不断贡献自身的力量。比如美国西点军校的校训“责任、荣誉、国家”，就直截了当地体现了学校要为国家命运而办学的精神。英国著名大学牛津大学的办学目标是：在教学和科研的每一个领域都达到和保持卓越；保持和发展作为一所世界一流大学的历史地位；通过科研成果和毕业生的技能而造福于国际社会、国家和地方。其在办学目标中也明确提出要服务于国家和地方，也体现了其大学精神鲜明的民族性特点。故此，在当前复杂多变的国际局势下，我国大学更需要坚持自身所特有的民族性，在与世界一流大学互学互鉴中保持定力，保持自身的民族意识和特性。

第四章

展望·弘扬新时代中国一流大学精神的建议

新时代中国一流大学精神是引领我国高等教育立德树人、驱动创新、改革发展的重要引擎。面向未来,加快塑造中国一流大学独具魅力的精神文化、激发新时代中国一流大学的精神活力,将为全方位推进中国特色世界一流大学建设“走在前列”提供不竭的动力源。

第一节
弘扬新时代科学家精神

2019年6月，中共中央办公厅、国务院办公厅印发《关于进一步弘扬科学家精神加强作风和学风建设的意见》，提出要"自觉践行、大力弘扬新时代科学家精神""加强作风和学风建设""营造尊重人才、尊崇创新的舆论氛围"。当前，我国高校部分科研工作者在理解新时代科学家精神上还存在一定偏差，以新时代科学家精神开展"三全育人"工作的基础不够扎实，严谨治学的求实精神还有待进一步巩固提升。弘扬新时代科学家精神是高校营造风清气正的学术氛围、创造严谨优良学风的重要举措。在一流大学中弘扬新时代科学家精神，对激励和引导广大科技工作者追求真理、勇攀高峰具有重要作用。尤其要在育人环节中大力弘扬科学家精神，加强党对高校"三全育人"工作的领导，创新体制机制，吸引高校科学家参与育人工作。据此提出以下对策建议。

一是建立科学家精神分层传播机制，组织全国性专题活动，支持一流大学树立本校科学家榜样。高校传播科学家精神，需要调动广大学生的积极性，可以考虑组织全国性的科学家精神专题网络文艺创作、活动和节目策划等征集活动，鼓励一流大学以创新形式积极宣传本校科学家。建立科学家精神的分层传播体系，在国家、省、市、高校等层面分别树立具有地缘亲近性的优秀榜样，筹建国家、省级科学家博物馆，创作弘扬科学家精神的相关文艺作品，大力宣传程开甲、林俊德、黄大年、南仁东等感人至深的科学家事迹。浙江大学依托“共和国的脊梁——科学大师名校宣传工程”，在每年新生入学期间组织他们专场观看话剧《求是魂》，并以文化创意等传播手段，宣传和挖掘学校培育的科学大师，效果显著。

二是鼓励一流大学科研人员投入教学，打破科研人才培养的圈子文化，严格高校教师退出机制。扭转不科学的教育评价导向，克服唯论文、唯帽子等“顽瘴痼疾”，积极引导和鼓励科学家参与教学和育人工作，设立一流大学教学型高层次人才培养支持体系，并将思想政治工作作为重要考核标准。目前，南开大学设立了“教学为主型”高级专业技术职务评聘制度，浙江大学设立了百万“永平奖教金”评选活动，北京大学推行“师生交流时间”制度等。建议从国家层面进行顶层设计，突出弘扬科学家精神对于育人环节的重要性，细化育人指标，严格淘汰机制，打破高校师生在教学科研中形成的利益与人身依附关系。

三是将科学家精神融入一流大学“课程思政”，鼓励学生投入科研，建立成果转化的创业辅导机制。高校学生是未来的科学家，国家可以考虑在“课程思政”和社会实践中设立弘扬科学家精神专项计划；借助高校学生创新创业热情高涨的势头，建立学生科研成果转化的“产—学—研—用”孵化机制，辅导具有科技创新能力和相关发明专利的学生展开创业计划。在这些方面，高校已有相对成功的案例，如西南交通大学设立重点实验室，面向本科生开放科研基金申请，打造“个性化实验室”，为本科生提供良好的科研环境；北京科技大学依托近30项学科相关赛事，探索“一院一赛”的学生科研机制，着力培育“机器人队”“智能车队”等学生科技创新团队。

第二节
完善“新通识”教育

党的二十大报告中明确指出，10年来，我国的教育普及水平实现历史性跨越，建成了世界上规模最大的教育体系。目前，我国高等教育进入了国际社会公认的普及化阶段，这意味着本科教育需要从注重专业知识转向注重基础知识。面对高等教育普及化的新语境，落实立德树人根本任务，本科阶段的人才培养体系有必要进一步完善。国家“十四五”规划提出“建设高质量本科教育，推进部分普通本科高校向应用型转变”，构建符合新时代要求的“新通识”教育显得极为迫切。

当前，高校通识教育师资良莠不齐，部分任课教师对通识教育的理解还存在偏差：一是把通识教育理解“歪了”，侧重于培养人的自主、自由倾向，而忽视了教育的意识形态作用，在中外合作办学中照搬国外经验的情况还时有发生；二是把通识教育理解“浅了”，认为就是学“唱歌跳舞背古诗”，没有深入地开展体系培养；三是把通识教育理解“虚了”，缺乏顶层设计与评价标准，只是开设了若干门公共选修课，政治站位和价值引领还不够鲜明；四是把通识教育理解“旧了”，课程资源体系相对封闭，缺乏课程之间、校内校外、线上线下的互动，与现代教育数字化的发展趋势匹配不够精准。

国家层面多年未对高校的“通识教育”出台专门性意见，也在一定程度上制约了育人效果。1999 年，教育部曾批准在53 所高校设立 32 个国家大学生文化素质教育基地，要求基地学生必修至少 10 个学分的文化素质教育课。此后，国家对高校通识课程的具体规划出台较少，除“两课”外，只有 2006 年高校公共艺术课程指导方案和近两年来关于体育、美育和劳动教育等专项文件。

可见，构建旗帜鲜明、科学完善、开放共享、面向未来的“新通识”教育势在必行。此举是在课程思政基础上，进一步推动通识教育和专业教育深度融合，培养德智体美劳全面发展的社会主义建设者和接班人的必要条件。

一是正本清源，树立“新通识”教育理念，将“新通识”教育纳入新时代高校本科教育教学资源建设工作。现代通识教育理念诞生于 20 世纪初，以研读西方古代经典为基本范式。它认为人类社会存在一套具体化为经典的所谓“普世价值”，需要人们不断学习。这与我国教育的基本方针大异其趣，“新通识”教育必须明确坚持以马克思主义为根本指导，以立德树人为根本任务，五育并举，德育为先，充分彰显中国特色。

目前，高校思政资源比较丰富的是“两课”，而通识教育则往往缺乏支持。因此，应该高度重视“新通识”教育的顶层设计，丰富教学资源，推进通识教育的“质量革命”。建议一流大学参照2020年4月教育部办公厅《关于启动部分教学资源建设工作的通知》，将“新通识”纳入新时代本科教学资源建设工作，与“四新”（新工科、新农科、新医科、新文科）建设相配套，在专业教育之外夯实学生人文素养和德行养成，全面提升立德树人育人质量。

二是加强规划，完善“新通识”教育体系，设立相关教学指导委员会全面梳理“新通识”教育的知识图谱。旗帜鲜明地打出中国特色的“新通识”教育，需要有明确的教学规划和清晰的知识图谱。建议设立国家高等学校“通识教育教学指导委员会”，指导高校开展“新通识”课程的体系建构、教学改革、学科研究等相关工作，推进相关教学资源开放共享，推广优秀教学成果，助力一流本科专业建设。

目前，国内已有多所高校建立通识教育中心，如复旦大学在复旦学院下设通识教育中心，设有核心课程委员会、七大模块建设专家小组和各基本课程单元教学团队；武汉大学在学校通识教育委员会领导下设立通识教育中心，负责全校通识课程建设。2019年，浙江大学启动新一轮通识教育改革，率先发布了《浙江大学通识教育白皮书》，提出了通识教育的“一揽子”举措。这些知名高校的探索，都为“新通识”教育的顶层设计和制度化实施提供了基础与经验。

三是打造样板，引导“新通识”教育践行，建立分类高校联盟以推动通识教育教学优势资源的整合与共享。我国高校推行通识教育已行之有年，各地均有较好的探索经验。建议按学校性质，成立不同类型的高校（如综合性大学、普通高校、职业院校、艺术院校、师范院校等）通识教育教学联盟，通过建设一批“新通识”教育示范基地和精品课程，聚焦课程，打造样本，有针对性地推动我国高校通识教育迈向更高层次和更高水平。

要仔细甄别与合理利用境外优质课程资源，推动国内外名校通识课优质教学资源合作共享，通过学分互认、慕课（MOOC）等制度，形成面向未来的数字化“新通识”教育。如上海交通大学借助超星尔雅与好大学在线平台，推出系列精品通识课程；浙江大学实施四课堂实质性融通的培养路径，建立协同管理、课程教育、实践训练、孵化落地“四位一体”的创新创业教育体系，都可以看出“新通识”教育在高校本科教学实践中的扎实基础和广阔前景。这些优质教学资源都可以在相关联盟组织的协调下，与同类院校共建共享。

第三节
提升大学文化设施公共服务水平

党的十九届五中全会明确提出到2035年建成文化强国的战略目标，要求进一步提高社会文明程度、提升公共文化服务水平、健全现代文化产业体系。作为文化传承创新的高地，大学拥有一流水准的文化设施与知识平台，理应充分发挥文化溢出效应，最大程度实现开放共享。这不仅是履行大学职能，服务国家战略的实际举措，也是满足公众高质量文化需求，让更多人共享高等教育发展成果，真正办人民满意大学的应有之义。

近年来，高校图书馆、体育场（馆）、校史馆、博物馆、音乐厅等文化设施规模日益增长，论坛、讲座、报告、慕课等知识平台持续拓展。一些高校努力探索促进文化设施平台开放共享的新机制和新模式，取得了积极进展。但与此同时，相关问题也逐渐凸显。一是文化设施平台的利用率和共享水平还不够高。这些设施平台在当地同类文化资源中占据了相当大比重，但面向社会公众的开放程度不均衡，造成了资源一定程度上的闲置浪费或辐射引领弱化。如高校普遍向市民免费开放室外田径场，但室内体育场馆、图书馆等场所和大多数讲座报告、文艺演出、艺术展览等仅面向校内师生开放。二是开放运营模式缺乏规范性和稳定性。例如，社会开放时间和教学需要存在冲突，服务运行的盈利性和公益性往往难以平衡，委托第三方组织运营造成一系列商业化问题，背离了开放初衷等。三是开放后引发安保、环保等一系列校园管理问题。例如媒体多次报道大学图书馆、体育场开放后发生社会人员盗窃等案件，也有外来人员进入校园后随意丢弃垃圾、露营聚餐，影响了正常教学管理秩序。

产生上述问题，可能有以下几方面的原因。一是相关政策没有配套完善。已有的一些制度性文件较为笼统或刚性不足，多为引导性规范，缺乏考评和奖惩机制，高校在落实中重视程度不够，存在随意性。二是部门协同参与不足。尚未形成政府、部门、学校和社会力量相互衔接的开放共享的工作推进机制，对一些“硬骨头”问题难以形成解决合力。三是高校的合理关切未得到有效解决。开放共享对大学治理能力和水平提出了更高要求，面对高昂的运营维护成本，繁重的风险防控和安保任务，以及出现纠纷后责任认定与损害赔偿等一系列棘手问题，保守心态和短期利益往往占据上风，高校更倾向于选择“多一事不如少一事”。

基于当前社会公众日益增长的文化需求和上述现实问题，迫切需要政府特别是教育行政部门加强宏观协调，理顺有关职能，出台过硬举措。为此，我们提出以下对策建议。

一是完善规范协同高效的开放共享工作机制。加强顶层设计，以政府为主导，由教育部门牵头制定有关方案，明确高校在文化设施平台在满足师生需求，尚有容量和时间段的基础上向社会开放共享。各地建立统一开放的网络管理平台，将所有符合条件的文化设施纳入信息库，合理确定开放时间、开放对象、开放容量等，破解条块分割现状。着力完善保障措施，协调当地公安、医疗、社区、街道等部门，围绕安全保卫、突发事故、管理协调、检查考核等高校关注的现实难点问题建立针对性的工作机制，防范和消除安全隐患，形成管理规范、监督有力、协同配合、齐抓共管的制度体系。积极推进信息化建设，打造“掌上查询系统”“掌上预约系统”等数字化平台，实现空闲情况、人流情况等有关信息及时更新、即时感知，推动各项服务更加精准高效。

二是建立激励引导和考核评价机制。通过政府统一购买服务的方式，对高校在提供文化设施开放共享服务时产生的材料消耗费、水电运行费、人力成本费等支出予以一定程度的补助，调动高校提供公共服务的积极性。对于一些容量紧张或维护成本高昂的场所，允许高校按照成本补偿和非营利性原则，向公众少量收取服务费用。高校要对此建立公开透明的成本核算和服务收费标准，行政主管部门则应加强管理和监督。完善针对高校的相关考核评价体系，提高文化溢出服务社会内容的比例比重，强化对文化开放效果和服务质量的评价考核。对于文化设施开放效果好、用户评价高的高校，可以提高补助数额，予以通报表彰等。对于不按规定开放、开放效果不佳的高校，教育部门要限期整改。

三是推动重大社会公共文化服务设施进校园。大学是知识的殿堂和高端人才的集聚地，推动重大社会公共文化设施进校园，不仅有效拓展了开放共享的实现途径，亦有助于最大限度彰显教育研究与文化引领的辐射功能，实现高校、政府、社会等多方共赢。建议采取新建或整合资源的方式，选取有代表性高校，规划建设体育馆、博物馆、美术馆、音乐厅等若干重大公共文化服务设施，面向校内师生及全社会定期举办高水平的讲座、报告会以及体育赛事、艺术展演等活动，在丰富市民文化生活的同时深化政产学研合作，打造本地区文化地标。

四是切实吸纳社会主体参与公共文化服务运作。社会服务应该是高校与社会主体双向互动、双向赋能的过程。一方面，要系统规划，引导高校在不同类型的公共文化服务领域中设置不同层面和作用机制的社会参与方式，吸纳政界、学术界、实业界、文艺界、传媒界等专业人士和社会组织积极参与有关文化载体开放项目，包括担任各类讲座主讲人，承担音乐会、舞台剧等高雅艺术专场演出，组织体育赛事、全民健身运动等。另一方面，吸纳社会力量通过投资、捐赠等形式参与文化设施建设，开发相关文创和终端产品、拍摄制作影视文艺作品等，打造立体开环的文化协同建设模式。

第四节
优化大学精神的国际传播路径

大学精神所具备的时代性、开放性和民族性，是我们在实践中实现中外大学精神互学互鉴的基本前提。在当前百年未有之大变局下，国际正常的交往交流面临前所未有的挑战。作为世界交往中的重要组成部分，大学毫无疑问要担负起更大的历史责任，并通过中外大学精神的互学互鉴，一方面搭建我国大学与世界一流大学正常沟通交流的桥梁；另一方面也为我国大学精神源源不断注入创新活力和动能。因此，就进一步推进中外大学精神互学互鉴而言，可以从如下几个方面做出探索和努力。

一是在理论方面，进一步深化中外一流大学精神互学互鉴的改革创新研究。习近平总书记多次提到，理论的生命力在于不断创新。[①] 在当

① 习近平. 理论的生命在于不断创新. [EB/OL]. (2021-11-26)[2023-02-23]. http://politics.people.com.cn/w1/2021-11-26/c1001-32292916.html.

前复杂多变的国际局势下，中外一流大学精神的互学互鉴，同样也需要得到理论的指导并不断改革创新。首先，要坚持把习近平新时代中国特色社会主义思想作为根本理论遵循，尤其是要把人类命运共同体理念作为开展中外一流大学精神互学互鉴的基本理论指引。习近平总书记关于人类命运共同体的倡导，是对马克思世界历史理论在新时代的创新和发展，而马克思的世界历史理论包含的一个主要论题就是世界普遍交往理论，这就意味着人类关于未来社会的"自由人联合体"和"人类命运共同体"这两个伟大构想，都是在生产力的高度发展和世界交往的普遍展开中提出的，也在世界普遍交往中实现。① 中外一流大学精神的互学互鉴也是"人类命运共同体"建设的重要组成部分，大学精神的相互沟通交流，能够为共同解决当前人类面临的挑战和问题夯实理念基础。其次，要为世界一流大学精神的创新发展贡献中国大学的"中国智慧"。前文谈到，一流大学精神具有开放性特点，这也为我国一流大学与世界一流大学在互动交往中实现大学精神的创新提供了现实可能性。在此过程中，除了要进一步吸收借鉴世界一流大学的精神要旨外，我们同样也需要为世界一流大学精神的创新积极贡献我国大学的智慧力量。比如我国大学通过自身发展积极服务国家重大发展战略的使命，我国大学所具备的积极面向广大人民群众办学的人民性，等等。最后，我国大学精神也要在与世界一流大学的互学互鉴中不断推陈出新。当然，更为重要的

① 李包庚.世界普遍交往中的人类命运共同体[J].中国社会科学，2020(4).

是我国大学要不断获得向前发展的动能，同样需要从世界高等教育体系汲取营养，继续虚心地向世界一流大学学习，并努力实现我国一流大学精神的改革创新。

二是在实践方面，进一步建立中外一流大学精神互学互鉴的沟通交流机制。首先，应当建立起广泛高效的中外一流大学精神交流研讨学术会议机制。受限于世界性疫情，线下交流受阻，但可借助互联网等平台，建立起我国一流大学与世界一流大学定期的大学精神研讨会，围绕特定主题展开广泛的研讨并形成共识。其次，应当建立起常态化的世界一流大学精神学习机制。我国高校，尤其是以世界一流大学建设为目标的群体高校，要主动锚定世界一流大学，建立起常态化的对标学习机制，并努力将学习成果融入办学实践过程之中。最后，应当建立起我国大学精神的对外宣传机制。世界一流大学的互学互鉴必然是双向互动的，既有我方主动向世界一流大学学习，与此同时也有外方向我方的学习和借鉴。尤其是在我国高等教育强国建设的新阶段，通过向世界广泛宣传我国一流大学精神，也有利于扩大我国高等教育的影响力，树立起良好的形象并形成品牌效应。

三是在制度方面，进一步强化中外一流大学精神互学互鉴的机制保障。首先，应当建立世界一流大学精神互学互鉴的绩效评估制度。在实践中，进一步将世界一流大学精神的互学互鉴作为当前我国“双一流”建设的重要内容之一，对其成效评估也应制度化，作为评价各高校在大学精神创新上的重要内容。其次，应当建立世界一流大学精神互学互鉴的物质保障制度。虽然世界一流大学精神的互学互鉴更偏向于理念层面的互相交流与学习，但同样也需要得到物质的保障。主要包括从国家层面建立起中外一流大学精神互学互鉴会议资助计划、中外一流大学精神互学互鉴课题研究资助计划、中外一流大学精神互学互鉴人员交流资助计划，等等。最后，应当建立世界一流大学精神互学互鉴成效融入办学实践的监督制度。无论是中外一流大学精神的互学互鉴还是改革创新，最根本的目的都是指导实践，能够对我国实践办学起到积极的价值导向作用。据此，要进一步探索建立起将大学精神互学互鉴的成果融入办学实践之中的监督制度，以此保证全方位推动我国世界一流大学建设。

后　记

作为大学文化的内核，大学精神源远流长、博大精深。本书以历史演进的动力系统视角，阐释了新时代中国一流大学精神在扎根、铸魂、启真、崇善、开源、奋进六个方面的时代内涵，提出了建强主体的核心要求、淬炼精神的具体路径和文化载体的外在彰显，梳理了构建中国一流大学精神和文化国际传播矩阵的战略与策略，面向全球文明对话提出了大学精神和大学文化传播的新思考，为我国“双一流”和教育现代化建设、为中国大学屹立于世界高等教育之林提供有益洞见。

本书是浙江大学多学院联合、多部门协作的协同创新研究成果，具体由浙江大学新时代大学精神与大学文化研究课题组承担实施。本书直接或间接引用、参考了其他研究者的相关研究文献，书中没有一一列出，对这些文献的作者表示诚挚的感谢和敬意。

新时代大学精神与大学文化是一个永恒的论题，接下来我们会继续跟踪研究，探索大学精神与大学文化可视化建设，推动研究成果融入“双一流”建设评价体系，为探索中国特色世界一流大学建设新路贡献智慧和力量。由于时间关系，书中难免有不足之处，恳请读者批评指正。

浙江大学新时代大学精神与大学文化研究课题组

2022年10月于浙江大学